# 考える
# 企業間比較のための経営分析
## －図表ポイント係数評価法による－

岩崎 功 著

五絃舎

## まえがき

　会社の「良し悪し」を判断するために、よく「会社を経営分析して…」という言葉が使われます。では、経営分析はどのようにしたら会社の「良し悪し」を判断するのでしょうか？

　経営分析では、会社の儲かり具合を判断する収益性分析や借金などの債務や各種支払が無理、無駄なく安全に行われることができるかを判断する安全性分析などに、いろいろな指標を使って、その割合（％）を計算して、会社の「良し悪し」を判断します。しかし、算出した指標の数値そのものに「良し悪し」を判断できることもありますが、基本的には、単純な数値の羅列に過ぎないのです。その算出した分析数値に「良し悪し」の息吹を加えること、つまり「意味づけ」をしなければなりません。

　経営分析では、たとえば、最小の投下資本で最大の利益をあげること、つまり利益を資本で割って求めた資本利益率が大きい会社が儲かっていて収益性が高い会社だといわれます。仮にA社で投下された資本が1,000円で100円の利益をあげたとしたら、利益の100円を資本1,000円で割って、資本利益率は10％と求まります。この10％の資本利益率のA社は良い会社ですか？　それとも悪い会社ですか？　答えは良い会社ともいえるし悪い会社ともいえます。それでは答えにはなりません。そこで、良い会社かそれとも悪い会社かを判断するための「意味づけ」が必要となります。

　この「意味づけ」とは、簡単に言えば、算出された数値を他の数値と「比較」することです。この「意味づけ」に多く使われる方法に、測定値の前期と今期を比較して前期の数値より高ければ「良い」とする①「期間比較」、また、公表されている同業界平均値と比較して、その同業界平均値より高ければ「良い」とする②「標準値比較」、さらに測定値を他社の数値と比較し他社よりも高ければ「良い」とする③「企業間比較」、などがあります。①の期間比較は、測定数値が良くなっているか悪くなっているかの傾向の判断にしか使えません。②の

標準値比較は、公表される標準値は、通常、早くても半年後または1年後などになる傾向にあり、古い標準値との比較になってしまいます。そこで、各会社が公表する財務諸表が入手できれば、そのときにA会社と同業種のB会社、もしくはほかの多くの同業種会社で同じ測定値を測定することで会社の「良し悪し」が判断できる③「企業間比較」によることが最適な方法といえます。

　ところが、同一測定値に限り「良し悪し」は比較できるのですが、そのほかの測定値を取り入れた「良し悪し」は単純に「良い」か「悪い」の判断はできても、「どの程度」良いのか、悪いのかの判断は難しくなります。そこで、たくさんの指標を、「同一の基準」を設定することで、他の指標とも比較できる方法を考案したのが本書の「ポイント係数評価法」です。ポイント係数評価法とは、企業間の各種指標の平均値をポイント係数「5」として、同一指標の実際測定値のポイント係数を求め、そのポイント係数が「5」を超えていれば平均値より良いことになり、逆の場合には「悪い」ことになり、ポイント係数の開きが良し悪しの「大きさまたは程度」となります。また、たくさんの指標で求められたポイント係数を合計し、指標数合計で単純平均して求めた平均ポイント係数の大小で、企業間比較が可能となり、企業全体の「良し悪し」も数値で理解ができるのです。

　このポイント係数評価法は、計算が簡単で、電卓一つで簡単にできます。本書ではパソコンで計算させるシステムを採用したことで、基礎データをしっかり入力すると、いつでも平均ポイント係数が求まり、企業間比較が可能となります。本書を使用することで、より楽しい「経営分析」を実践してみてはいかがでしょうか？

　本書を作成にあたり、五絃舎社長長谷雅春氏にはいろいろと煩わせお世話になりました。ここに謝辞を表したいと思います。

平成27年12月

著　者

# 目　　次

## 第1考　経営分析とは何かを考える……………………………………1
- 1.1　誰のために経営分析は行うかを考えよう　*1*
- 1.2　どのような観点(内容)や目的からか経営分析は行われるかを考えよう　*2*
- 1.3　経営分析に使用する分析指標はどのように計算するかを考えよう　*3*
- 1.4　算定された分析指標の良否・適否はどのように判断するかを考えよう　*8*

## 第2考　企業間比較のための経営分析の進め方を考える…………11
- 2.1　経営分析はどのように進めていくのかを考えよう　*11*
- 2.2　「ポイント係数」の計算方法を考えよう　*12*

## 第3考　経営分析のための会計情報（財務諸表）の収集を考える……………………………………………………………………14
- 3.1　会計情報(財務諸表)はどのように作成されているかを考えよう　*14*
- 3.2　公表財務諸表にはどのようなものがあるかを考えよう　*15*
- 3.3　「(連結)貸借対照表」の仕組みを考えよう　*16*
- 3.4　「(連結)損益計算書」の仕組みを考えよう　*18*
- 3.5　「(連結)キャッシュ・フロー計算書」の仕組みを考えよう　*21*

## 第4考　「要約財務諸表分解表」とは何かを考える………………27
- 4.1　「要約財務諸表分解表」を作ると何が分るのかを考えよう　*27*

## 第5考　「要約貸借対照表分解表」とは何かを考える……………29
- 5.1　要約貸借対照表分解表―資産の部―の作成方法を考えよう　*29*
- 5.2　要約貸借対照表分解表―負債純資産の部―の作成方法を考えよう　*35*

## 第6考 「要約損益計算書分解表」とは何かを考える················41
6.1 要約損益計算書分解表の作成方法を考えよう **41**
6.2 実例による「要約損益計算書分解表」を作成してみよう **43**

## 第7考 「要約キャッシュ・フロー計算書分解表」とは何か
を考える························································47
7.1 要約キャッシュ・フロー計算書分解表の作成方法を考えよう **47**
7.2 実例による「要約キャッシュ・フロー分解表」を作成してみよう **49**

## 第8考 「収益性分析」とは何かを考える··················53
8.1 資本利益率とは何かを考えよう **53**
8.2 売上高利益率とは何かを考えよう **54**
8.3 その他の収益性の分析とは何かを考えよう **54**

## 第9考 「資本利益率」の分析の計算方法を考える·········55
9.1 総資本(総資産)利益率を考えよう **56**
9.2 経営資本利益率を考えよう **58**
9.3 自己資本利益率を考えよう **59**
9.4 払込資本利益率を考えよう **60**

## 第10考 「売上高利益率」の分析の計算方法を考える··········61
10.1 売上高利益率を考えよう **62**

## 第11考 「費用対収益貢献度倍率」の計算方法を考える········67
11.1 費用対収益貢献度倍率を考えよう **67**

## 第12考 「活動性分析」とは何かを考える··················69
12.1 資本回転率(広義)とは何かを考えよう **69**

12.2　資本回転期間とは何かを考えよう　**70**

第 13 考　「資本回転率」(狭義)とその計算方法を考える………72
　13.1　資本回転率(狭義)を考えよう　**72**

第 14 考　「資産回転率」とその計算方法を考える……………75
　14.1　資産回転率を考えよう　**75**

第 15 考　「安全性分析」とは何かを考える……………………80
　15.1　安全性分析を考えよう　**80**

第 16 考　「短期流動性」の分析とその計算方法を考える………82
　16.1　短期流動性分析を考えよう　**82**

第 17 考　「資本構成安全性」の分析とその計算方法を考える……………………………………………………………85
　17.1　資本構成安全性分析を考えよう　**85**

第 18 考　「固定資産投資安全性」の分析とその計算方法を考える……………………………………………………89
　18.1　固定資産投資安全性分析を考えよう　**89**

第 19 考　「損益関係安全性」の分析とその計算方法を考える……………………………………………………………93
　19.1　金利負担能力安全性分析を考えよう　**93**
　19.2　損益安全性分析を考えよう　**94**

第 20 考　「成長性分析」とは何かを考える……………………99
　20.1　成長性分析を考えよう　**99**

20.2 売上高取引規模成長性分析とその計算方法を考えよう **100**
20.3 資産・人的規模成長性分析とその計算方法を考えよう **101**
20.4 資本規模成長性分析とその計算方法を考えよう **102**
20.5 先行投資成長性分析とその計算法を考えよう **104**
20.6 利益成長性分析とその計算法を考えよう **105**

## 第21考　ポイント係数を利用した「経営分析表」とその作成方法を考える……………………………………108
21.1 ポイント係数による「経営分析表」の仕組みとその計算上の留意点を考えよう **108**

## 第22考　「平均ポイント係数」と「総合平均ポイント係数」の求め方とその企業評価を考える……………………………111
22.1 「平均ポイント係数」の求め方とその「平均ポイント係数表」の作成方法を考えよう **111**
22.2 「総合平均ポイント係数」の求め方とその「総合平均ポイント係数表」の作成方法を考えよう **114**

## 第23考　「収益性分析」からみた企業間比較のための企業評価を考える……………………………………………116
23.1 「資本利益率平均ポイント係数表」による企業間比較のための企業評価をどのように行うかを考えよう **116**
23.2 「売上高利益率平均ポイント係数表」による企業間比較分析をどのように行うかを考えよう **119**
23.3 「売上高利益率」の良否の原因分析をどのように行うかを考えよう **121**
23.4 「費用対収益貢献度倍率平均ポイント係数表」による企業間比較分析をどのように行うかを考えよう **123**

23.5 「収益性分析」全体としての企業間比較をどのように行なうかを
考えよう **125**

## 第24考 「活動性分析」からみた企業間比較のための企業評価を考える……………………………………128

24.1 「資本回転率平均ポイント係数表」による企業間比較のための企業評価をどのように行うかを考えよう **128**

24.2 「資産回転率平均ポイント係数表」による企業間比較のための企業評価をどのように行うかを考えよう **130**

24.3 資産回転率を資産回転期間（日数）からみた企業間分析はどのように行うかを考えよう **132**

24.4 「活動性分析」全体としての企業間比較をどのように行うかを考えよう **134**

## 第25考 「安全性分析」からみた企業間比較のための企業評価を考える……………………………………137

25.1 「短期流動性平均ポイント係数表」による企業間比較のための企業評価をどのように行うかを考えよう **137**

25.2 「資本構成安全性平均ポイント係数表」による企業間比較のための企業評価をどのように行うかを考えよう **139**

25.3 「固定資産投資安全性平均ポイント係数表」による企業間比較のための企業評価をどのように行うかを考えよう **141**

25.4 「損益関係安全性平均ポイント係数表」による企業間比較のための企業評価をどのように行うかを考えよう **143**

25.5 「安全性分析」全体としての企業間比較をどのように行なうかを考えよう **145**

## 第26考 「成長性分析」からみた企業間比較のための企業評価を考える……………………………………148

26.1 「売上高規模成長性平均ポイント係数表」による企業間比較のための企業評価をどのように行うかを考えよう **148**

26.2 「資産・人的規模成長性安全性平均ポイント係数表」による企業間比較のための企業評価をどのように行うかを考えよう **150**

26.3 「資本規模成長性平均ポイント係数表」による企業間比較のための企業評価をどのように行うかを考えよう **151**

26.4 「先行投資成長性平均ポイント係数表」による企業間比較のための企業評価をどのように行うかを考えよう **153**

26.5 「利益成長性平均ポイント係数表」による企業間比較のための企業評価をどのように行うかを考えよう **155**

26.6 「成長性分析」全体としての企業間比較をどのように行うかを考えよう **156**

第27考　企業間比較のための企業全体総合評価を考える………159

27.1 「企業全体総合平均ポイント係数」の求め方と企業全体総合評価を考えよう **159**

**資料編** …………………………………………………………162
資料1　M社財務諸表分解表……………………………………162
資料2　R社財務諸表分解表……………………………………164
資料3　経営分析表………………………………………………166
模範解答編………………………………………………………179

# 第1考

# 経営分析とは何かを考える

　経営分析とは、企業と何らかの関わりのある人が会計資料（財務諸表など）を使って、利益がでて儲かっている企業ですか？　資金の調達や運用に無理のない企業ですか？　将来にわたって維持発展していく企業ですか？　など、企業の経営状況の良否・適否を観察分析することです。

　経営分析は、誰が誰のために、どのような目的で、どのように計算するかなどいろいろな見方の違いにより分けられます。

## 1.1　誰のために経営分析は行うかを考えよう

　経営分析を行う人が企業の外部者が行う「外部分析」と企業の内部者が行う「内部分析」とに分けることができます。

### (1) 外部分析とは？

　これは、企業の外部者による外部者のための経営分析のことです。企業の外部者とは、株主などの投資家、資金の貸付けや社債の引受けを行う金融機関、取引先などの債権者、財務省・経産省・課税当局などの行政機関、労働組合（従業員）、消費者や企業に興味を持っている一般人などをいいます。

　たとえば、投資家は投資に対する配当・増資・値上がりなどに関心があり、債権者は企業の融資に対し確実に返済されるか、取引先は取引した債権額が確実に回収できるか、行政機関は経済統計資料の作成や公平な課税目的のために、労働組合（従業員）は賃上げ・ボーナス交渉のために、消費者などの一般人は、製品の安全性を含む企業に社会的責任や社会的貢献を果たしているかどうか、などを判断するのに経営分析を行います。

外部分析での資料は、過去情報である公表の財務諸表が中心となるので、後述の内部分析での入手できる資料とは異なりかなり少なくなります。

## (2) 内部分析とは？

これは、企業内部の経営者や経営管理者が行う経営分析のことです。企業内部者は、過去情報である財務諸表以外に将来にかかわる予算や見積財務諸表などの内部資料が入手できることから、特に将来の企業業績の予測や将来の経営政策の樹立に役立たせることができます。

## 1.2 どのような観点(内容)や目的からか経営分析は行われるかを考えよう

観点（内容・目的）の違いによる経営分析には、収益性分析、活動性分析、安全性分析、成長性分析があります。このほかに生産性分析を入れる場合もあります。

## (1) 収益性分析とは？

これは、企業の儲かり具合、つまり利益稼得能力（いわゆる収益力）をみるものです。利益稼得能力は、単に利益額の大小よりも、その利益を獲得するために使用された資本(投下資本)の大小や、最小のコスト(費用)で最大の効果(売上高)をあげているかどうかをみるものです。

## (2) 活動性分析とは？

これは、小さな投下した資本でも効率よく運用することで、最大の収益(売上高)をあげることで、利益獲得に貢献しているかどうか、つまり、資本効率や資本に対する収益貢献度をみるものです。活動性分析は、収益貢献度をみることから、これを収益性分析の対象とすることもあります。

### (3) 安全性分析とは？

これは、企業の経営財務の安定性、つまり企業に債務の支払いや返済するだけの資金が十分あるかどうか、また、無理な資金調達と資金運用がなされていないかどうかをみるものです。

### (4) 成長性の分析とは？

これは、企業に持続的に成長していくかどうか、つまり企業の持続的成長性や将来性をみるものです。

### (5) 生産性の分析とは？

企業の収益性の向上には、生産性の向上の裏付けが前提となることから、企業に経営資源であるヒト・モノ・カネなどの生産財を合理的に投入することにより、新たに算出された生産成果の大きさから生産性の良否・適否をみる生産性分析があります。この分析には、内部資料の入手が必要であることから、本書では、経営分析の対象外として扱っています。

しかし、生産性の向上は、別の見方をすると最小の犠牲（費用）で最大の成果（売上高）をあげることにつながりますので、本書では生産性分析の代用として費用対収益貢献度を考えています。

## 1.3 経営分析に使用する分析指標はどのように計算するかを考えよう

経営分析のための必要な分析指標の求め方には、大きく分けて「比率分析法」と「実数分析法」があります。

## (1) 比率分析法とは？

この方法は、比率法ともいわれ、財務諸表のある特定項目の実数値が別の特定項目の実数値と比較することで、その割合または倍数(回数)を求めるものです。この分析法には、関係比率法、構成比率法、および趨勢比率法があります。

### ① 関係比率法

関係比率法とは、特殊比率法ともよばれ、財務諸表のある特定項目の実数値と、その項目と密接な関係にある別の関係項目の実数値との割合（％）または倍数または回数を求めるものです。

$$\frac{ある項目の実数値}{別の項目の実数値} \times 100 = 割合（\%）$$

または

$$\frac{ある項目の実数値}{別の項目の実数値} = 倍数(倍)または回数(回)$$

**問1-1** 自己資本（純資産合計）を総資産（負債資本合計）で割って求めたものを自己資本比率といいます。そこで、純資産合計(自己資本)が12,000円で負債資本合計(総資本)が20,000円のときの自己資本比率（％）を計算しなさい。

（解答記入欄）

### ② 構成比率法

これは、財務諸表のある特定項目の数値が、その特定項目の所属する合計数値と比較することで、全体(合計数値)の中に占める割合を求めるものです。

構成比率法で作成した貸借対照表は「百分率(比)貸借対照表」、損益計算書のそれは「百分率(比)損益計算書」、キャッシュ・フロー計算書のそれは「百分率(比)キャッシュ・フロー計算書」といい、その割合の違いから企業の全体像をみることができ、そこから特徴点や問題点を浮き彫りにすることができます。

これを概観分析といいます。また、2期間以上の構成比率を並列することで期間比較もできます。

## ＜百分率貸借対照表＞

百分率(比)貸借対照表は、各資産・各負債・各純資産の構成項目が「資産合計」または「負債・純資産合計」に占める割合（％）を一覧表にしたものです。

| 百分率貸借対照表 | | | | | |
|---|---|---|---|---|---|
| | 前期 | 今期 | | 前期 | 今期 |
| （資産の部） | | | （負債の部） | | |
| 流 動 資 産 | 58% | 55% | 流 動 負 債 | 25% | 23% |
| 固 定 資 産 | 40% | 44% | 固 定 負 債 | 15% | 19% |
| 繰 延 資 産 | 2% | 1% | （純資産の部） | | |
| | | | 株 主 資 本 | 60% | 58% |
| 総 資 産 | 100% | 100% | 負債・純資産 | 100% | 100% |

**問1－2** 上記の百分率貸借対照表の例をみて概観分析を行いなさい。

（解答記入欄）

## ＜百分率損益計算書＞

百分率(比)損益計算書は収益・費用・純利益の各項目が「売上高」に占める割合（％）を一覧表にしたものです。

| 百分率損益計算書 | | |
|---|---|---|
| | 前期 | 今期 |
| 売 上 高 | 100% | 100% |
| 売 上 原 価 | 80% | 75% |
| 売 上 総 利 益 | 20% | 25% |
| 販売費及び一般管理費 | 10% | 13% |
| 営 業 利 益 | 10% | 12% |
| 営 業 外 収 益 | 2% | 3% |
| 営 業 外 費 用 | 2% | 2% |
| 経 常 利 益 | 10% | 13% |

問1-3　上記の百分率損益計算書の例を見て、概観分析を行いなさい。

（解答記入欄）

<百分率キャッシュ・フロー計算書>

　百分率(比)キャッシュ・フロー計算書は、各構成項目が、営業活動キャッシュ・フローの金額との割合（％）を一覧表にしたものです。

| 百分率キャッシュ・フロー計算書 | | |
|---|---|---|
| | 前期 | 今期 |
| 営業活動キャッシュ・フロー | 100% | 100% |
| 投資活動キャッシュ・フロー | △55% | △60% |
| 財務活動キャッシュ・フロー | △38% | △32% |
| 現金及び現金同等物残高 | 7% | 8% |
| 期首現金及び現金同等物残高 | 2% | 5% |
| 期末現金及び現金同等物残高 | 9% | 13% |

問1-4　上記の百分率キャッシュ・フロー・計算書を見て、概観分析を行いなさい。

（解答記入欄）

### ③ 趨勢比率法

これは、期間比較に使用する方法で、財務諸表の特定項目の各数年間または当年度の実数値が、基準年度の実数値を100％としたとき、どのような割合（％）になるか、つまりその変化状態（趨勢）をみることでその特徴点や問題点を浮き彫りにすることができます。なお基準年度の実数値に、基準年度（特定年度）の実数値を用いるか、常に前期の実数値を使用するかにより固定基準法と移動基準法とがあります。固定基準法は、基準年度が固定していることから長期的な動向や趨勢を見ることができます。移動基準法は、常に前年度の実数値を基準年度の実数値とするので、短期的な対前年度伸び率を見ることができます。

（固定基準法）

$$\frac{各期の実数値}{基準年度の実数値} \times 100 = 各期の趨勢比（％）$$

（移動基準法）

$$\frac{当期の実数値}{前期の実数値} \times 100 = 当期の趨勢比（％）$$

|  | 前々期 | 前期 | 当期 |
|---|---|---|---|
| 売　上　高 | 10,000円 | 11,000円 | 12,100円 |
| 固 定 基 準 法 | 100％ | 110％※1 | 121％※2 |
| 移 動 基 準 法 | 100％ | 110％※3 | 110％※4 |

※1　11,000円÷10,000円×100＝110％　※2　12,100円÷10,000円×100＝121％
※3　11,000円÷10,000円×100＝110％　※4　12,100円÷11,000円×100＝110％

**問1－5**　上記の売上高の趨勢比率法の例を見て、概観分析を行いなさい。

（解答記入欄）

## (2) 実数分析法とは？

これは、財務諸表の実数値の大小や財務諸表の2期間の実数値の増減額から良否や適否を見ようとするものです。これには、貸借対照表項目の増減分析（資金分析）やキャッシュ・フローの増減分析、損益計算書項目の増減分析（利益増減分析）や損益分岐点分析などがあります。

## 1.4 算定された分析指標の良否・適否はどのように判断するかを考えよう

分析目的別に算定された分析値に良否・適否の判断（意味づけ）を行ないます。これには、絶対値比較法と相対値比較法があります。

## (1) 絶対値比較法とは？

絶対値比較法とは、算定された分析値そのものに良否・適否の判断（意味づけ）が与えられているものいいます。たとえば「流動比率は200％以上が安全」という200％という絶対値基準（200％基準）があり、この場合に、算定された流動比率の分析値が250％となったときには、その絶対値よりも「高いので安全」と判断でき、逆に150％のときには「低いので安全でない」と判断できる。このように算定された分析値そのもので、良否・適否の判定（意味づけ）ができるものをいう。ほかに100％基準での当座比率、負債比率、固定比率などがあり、50％基準での自己資本比率などがあります。

<u>問1－6</u> 流動比率は、流動資産を流動負債で割って求め、この計算で200％以上となったとき安全とされています。そこで、流動資産が60,000円で流動負債は25,000円としたとき、流動比率から安全かどうかを判断しなさい。

（解答記入欄）

## (2) 相対値比較法とは？

相対値比較法とは、算定された分析値で、その良否・適否を判定できないものをいいます。その算定値の良否・適否をみるためには、他の同類の分析値と比較することで、他の分析値よりも高いかどうかで良否・適否の判定（意味づけ）を行うことをいいます。その判定には①期間比較法、②企業間比較法、③標準(値)比較法および④基準(値)比較法などを使用します。

### ① 期間比較法

期間比較法は、2期間以上の算定された同一の実際分析値を前期と当期で期間比較することで、前期に算定された分析値と今期に算定された分析値の高低の大きさから、今期の実際分析値に対し良否・適否の判断（意味づけ）を行います。

問1-7　売上高に占める営業利益(営業利益率)は、高いほど「良い」と判断できます。では前期のそれは20％で、今期は25％となりました。今期の25％の良否を判断しなさい。

（解答記入欄）

### ② 企業間比較法

企業間比較法は、自社企業で算定された実際分析値と同業他企業の算定された実際分析値とを比較することで、その高低の大きさから、自社企業の分析値に良否・適否の判断（意味づけ）を行います。

問1-8　売上高に占める営業利益(営業利益率)は、高いほど「良い」と判断できます。A社のそれは25％で、同期間のB社は20％となりました。A社はB社と比較してその良否を判断しなさい。

（解答記入欄）

### ③ 標準(値)比較法

標準(値)比較法は、自社企業で算定された実際分析値と同業種実際平均値(自社企業も含む同業種の算定された実際平均分析値)と比較することで、その高低の大きさから、自社企業の実際分析値に良否・適否の判断(意味づけ)を行います。

**問1-9** 売上高に占める営業利益(営業利益率)は、高いほど「良い」と判断できます。A社のそれは25％で、A社を含む業界平均値は27％となりました。A社は業界平均と比較してその良否を判断しなさい。

（解答記入欄）

### ④ 基準(値)比較法

基準(値)比較法は、自社企業に期首時点で、あらかじめ設定(計画)された目標基準値または予算基準値(これを基準値という)を設定しておき、一定期間経過後に算定された実際の分析値とその基準数値を比較して、その高低の大きさから、当期の実際の分析値に良否・適否の判断(意味づけ)を行うことです。この方法は内部分析で用いられる方法です。

**問1-10** 売上高に占める営業利益(営業利益率)は、高いほど「良い」と判断できます。期首現在に基準値（目標値）を20％としていましたが、期末の実績値が23％となりました。期末の実績値の良否を判断しなさい。

（解答記入欄）

# 第２考
# 企業間比較のための経営分析の進め方を考える

　企業比較のための経営分析では、「ポイント係数評価法」を使用して指標項目ごとの単なる指標の良否や大小のみならずその程度（大小の大きさ）をみることができます。本書では、ポイント係数を用いた経営分析による進め方を考えます。

## 2.1　経営分析はどのように進めていくのかを考えよう

　企業間比較のための経営分析は、次の5段階で行われます。
＜第1段階＞　企業間比較対象企業の会計情報（財務諸表）を収集します。
＜第2段階＞　企業間比較対象企業ごとに概観分析（企業の全体像の把握）のための「要約財務諸表分解表」を作成します。この分解表は、構成比率法と期間比較法を併用していますので、各期の特異となる勘定科目や期間的な変化の大きい科目を見つけ出すことができます。
＜第3段階＞　「ポイント係数」を使用した「経営分析表」を作成し、分析で使用する指標数値を計算し、その計算結果を一覧表にします。この経営分析表では、各分析指標の企業間比較と期間比較の結果を並列して記入しています。（巻末の資料3「経営分析表」を参照のこと）
＜第4段階＞　上記の経営分析表から、「平均ポイント係数表」と「総合平均ポイント係数表」を作成します。「平均ポイント係数表」は巻末の経営分析表を参照すると分かるように、分析目的（収益性、活動性、安全性、成長性）別の4つに大分類され、さらに、分析目的別を細分した指標ごとに中分類し

た指標を集約して平均値を求めたポイント係数の一覧表のことです。この結果、中分類別に、企業ごとの相互比較とその良否の判断ができ、その良否の程度がの大きさが分ります。

　「総合平均ポイント係数表」は、中分類した「平均ポイント係数」を集約して大分類した分析目的別に平均値を計算したもので収益性分析、活動性分析、安全性分析、成長性分析の4つが作成されます。この結果、分析目的別、企業ごとの相互比較とその良否の判断ができ、その良否の程度がの大きさが分ります。

＜第5(最終)段階＞　最終段階では「企業全体総合平均ポイント係数表」を作成します。この表は、上記の第4段階で求めた収益性、活動性、安全性および成長性の4つの「総合平均ポイント係数」を企業ごとに平均を求めた「企業全体総合平均ポイント係数」の一覧表のことです。この総合平均ポイント係数表は、収益性、活動性、安全性および成長性の相互間と企業相互間の良否とその程度の違いが分かります。

## 2..2　「ポイント係数」の計算方法を考えよう

　「ポイント係数」の計算方法は、各指標の企業間平均値を平均ポイント係数として「5」を与えます。そして企業ごとに算定された指標の分析値に対して、平均ポイント係数「5」に対するポイント係数を算定します。

　たとえば、A社とB社の分析指標の実際算定値が20％と30％であり、その企業間平均値が25％とすれば、その企業間平均値25％がポイント係数「5」となり、A社の実際算定値20％のポイント係数（X）とB社の算定値30％のポイント係数（Y）は次のように求められます。

$$\frac{企業間平均値（25％）}{平均ポイント係数（5）} = \frac{A社の分析値20％}{求めるポイント係数（X）}$$

　よって、（X）＝「5」÷25％×20％の式で、答えは（X）＝4ポイントとなります。

$$\frac{\text{企業間平均値（25％）}}{\text{平均ポイント係数（5）}} = \frac{\text{B社の分析値30％}}{\text{求めるポイント係数（Y）}}$$

よって、（Y）＝「5」÷25％×30％の式で、答えは（Y）＝6ポイントとなります。

このように、ポイント係数法を用いると、A社は、平均値5ポイントに対して4ポイントになるので、平均値よりも(5−4)÷5＝0.2、つまり20％悪いことになり、B社は逆に(6−5)÷5＝0.2、つまり20％良いことを示しています。したがって、1ポイントの差は平均値から20％の開きがあることを示し、0.1ポイントは2％の開きがあることを示しています。

ポイント係数を用いることにより、指標の測定値が％、回数、倍数であっても「ポイント係数」に直すことで、企業間比較のみならず、指標間相互の比較が可能となることです。このポイント係数は、指標ごとにその係数をみることで企業間比較ができます。（第21考から第22考を参照のこと）

このポイント係数は、さらに中分類、大分類し、企業ごとの平均を求めるための「平均ポイント係数」、「総合平均ポイント係数」、「企業全体総合平均ポイント係数」などを求めるための基礎資料となります。（第23考から第27考を参照のこと）

|問2−1| 次の指標平均値①を求め、平均値のポイント係数を「5」として各企業の②と③のポイント係数を計算しなさい。端数処理は小数第2位未満四捨五入すること。

|   | 指標測定値 | ポイント係数 |
|---|---|---|
| A 社 | 200％ | ② |
| B 社 | 150％ | ③ |
| 平 均 | ① | 5.00 |

（解答記入欄）
①

②

③

# 第3考
# 経営分析のための会計情報（財務諸表）の収集を考える
## ―企業間比較のための経営分析の第1段階―

企業間比較ができるための経営分析の第1段階は、企業間比較対象企業の会計情報(財務諸表)を収集することです。

なお、企業間比較の経営分析をより実効的なものにするために、各企業の会計情報(財務諸表)のみならず、各企業のホームページや、業界のホームページ、業界動向を含む経済全体の動向をみるための経済新聞（経済雑誌）や業界新聞（業界雑誌）、四季報などの資料の収集も並行して行います。

## 3.1 会計情報(財務諸表)はどのように作成されているかを考えよう

経営分析に使用する会計情報(財務諸表)には、金融商品取引法の規定により作成されるものと、会社法の規定により作成されるものがあります。

### (1) 金融商品取引法のもとでの財務諸表とは？

金融商品取引法のもとでの財務諸表は、上場企業に対して公表されている「有価証券報告書」のなかの「経理の状況」の中に「連結財務諸表(個別の場合には「財務諸表」)」として記載されています。そのほかに四半期を対象とした「四半期（連結）財務諸表」(中間（連結）財務諸表を含む)も同様に公表されています。この有価証券報告書は、上場企業のホームページや金融庁「EDINET

(Electronic Disclosure for Investors' NETwork・エディネット)」としてウェブサイト上で、無料で閲覧とプリントアウトもできます。

## (2) 会社法のもとでの財務諸表とは？

　会社法に基づき作成される財務諸表は、基本的に個別企業の株式会社を中心として適用されるもので、一般公告としての「決算公告」や株主総会用の「事業報告書」のなかに「財務諸表」として公表されています。なお、会社法では「連結財務諸表」の作成は強制されていません。また、上場会社での決算公告は「有価証券報告書」を公表することで代用できることになっています。

## 3.2　公表財務諸表にはどのようなものがあるかを考えよう

　公表財務諸表としては、次の5つがあります。このうち①から③が基本財務諸表といい、経営分析の対象となります。④と⑤はあくまでも基本財務諸表の補足資料となります。

① 貸借対照表（連結貸借対照表）…一定時点(期末時点)の財政状態を表した一覧表
② 損益計算書（連結損益計算書）…一定期間(1年間)の経営成績を表した一覧表
③ キャッシュ・フロー計算書（連結キャッシュ・フロー計算書）…一定期間の現金預金を中心とした資金の出入りを表した一覧表、なお会社法では、連結キャッシュ・フロー計算書の作成は要求されていません。
④ 株主資本変動計算書（連結株主資本変動計算書）…貸借対照表の純資産（株主資本、その他包括利益累計額など）の期中変動状況を表した一覧表
⑤ 財務諸表附属明細表（附属明細書）と連結財務諸表付属明細表（連結附属明細書）…財務諸表のうち主要な項目の期中増減や残高を明らかにしたもの
―なお（　）は会社法での規定によるもの―

## 3.3 「(連結)貸借対照表」の仕組みを考えよう

(連結)貸借対照表は、個別企業もしくはグループ(連結)企業の一定時点(期末時点)におけるすべての資産、負債および純資産を記載した財政状態を明らかにした報告書のことです。(連結)貸借対照表の仕組みは次のようになっています。

### (1) 貸借対照表の形式は？

貸借対照表の形式は、勘定式(左右対称方式で左側に資産の部、右側に負債の部と純資産の部を記載する方法))と報告式(上下方式で資産の部、負債の部、純資産の部の順で記載する方法)があり、どちらを採用しても良いのですが、小さい企業規模のときには勘定式を、大きい規模のときは報告式を採用しています。

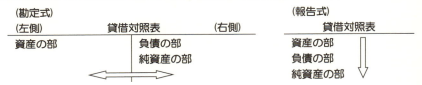

| (報告式) | (連結)貸借対照表 平成〇年〇月〇日 | | |
|---|---|---|---|
| 資産の部 | | | |
| 　流動資産 | | | ××× |
| 　固定資産 | | | |
| 　　有形固定資産 | | ××× | |
| 　　無形固定資産 | | ××× | |
| 　　投資その他の資産 | | ××× | ××× |
| 　繰延資産 | | | ××× |
| 　資産の部合計 | | | ××× |
| 負債の部 | | | |
| 　流動負債 | | | ××× |
| 　固定負債 | | | ××× |
| 　負債の部合計 | | | ××× |
| 純資産の部 | | | |

| | | |
|---|---:|---:|
| 株主資本の部 | | |
| 　資本金 | ××× | |
| 　資本剰余金 | ××× | |
| 　利益剰余金 | ××× | |
| 　自己株式 | △××× | ××× |
| 　株主資本合計 | | ××× |
| その他包括利益累計額 | | ××× |
| 新株予約権 | | ××× |
| 少数株主持分（連結のみ） | | ××× |
| 純資産合計 | | ××× |
| 負債純資産合計 | | ××× |

## (2) 貸借対照表の配列は？

　貸借対照表の配列には、流動性配列法（資産や負債の項目を換金（または費用）化速度または支払速度の速い順序で配列する方法）と固定性配列法（資産や負債に固定性が強い業種（電力・ガス事業など）で採用してもいいことになっています）があります。原則は、流動性配列法を採用することになっています。

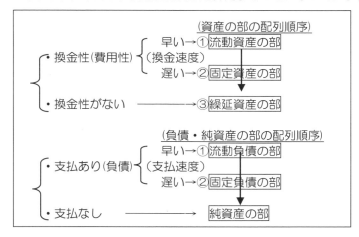

　固定資産の部は、具体的な形が見えて触れることができる「有形固定資産」、形がない権利である「無形固定資産」、投資目的などの「投資その他の資産」の3つに分けて記載することになっています。

純資産の部には、「株主資本」と株主資本以外の「その他包括利益累計額」、「株式予約権」や「少数株主持分」（連結のみ）を記載しています。また、株主資本はさらに、「資本金」、「資本剰余金」、「利益剰余金」および「自己株式」の4つに分けて記載することになっています。

(3)　流動資産または流動負債と固定資産または固定負債の区分は？

流動資産または流動負債と固定資産または固定負債の区分は、「営業循環基準」（主たる営業活動で発生する資産や負債は期間の長短にかかわらず流動資産または流動負債とする方法）と「1年基準」（主たる営業活動以外の活動で発生する資産や負債は、貸借対照表日の翌日から1年以内のものは流動資産または流動負債とし、1年を超えるものを固定資産または固定負債とする方法）で記載することになっています。

## 3.4　「(連結)損益計算書」の仕組みを考えよう

損益計算書とは、個別企業またはグループ（連結）企業の一会計期間の経営成績を明らかにするための報告書であり、これには1期間に属するすべての収益とこれに対応するすべての費用とを記載して各種の利益を表示することになります。損益計算書の形式には、貸借対照表と同様に勘定式と報告式がありますが、通常は下記のように報告式で作成されていることが多いです。

損益計算書は、5つの利益段階（売上総利益・営業利益・経常利益・税引前当期純利益・当期純利益）から構成されています。

| (連結) 損益計算書 | | |
|---|---|---|
| 自平成○年○月○日　至平成○年○月○日 | | |
| Ⅰ | 売上高 | ×××  |
| Ⅱ | 売上原価 | (－) ××× |
|   | 売上総利益 | ××× |
| Ⅲ | 販売費及び一般管理費 | (－) ××× |
|   | 営業利益 | ××× |
| Ⅳ | 営業外収益 | (＋) ××× |
| Ⅴ | 営業外費用 | (－) ××× |

|  |  | 経常利益 | ××× |
|---|---|---|---|
| Ⅵ |  | 特別利益 | ××× |
| Ⅶ |  | 特別損失 | (−) ××× |
|  |  | 税引(税金等調整)前当期純利益※ | ××× |
|  |  | 法人税等 | (−) ××× |
| [ |  | 少数株主損益調整前当期純利益 | ××× |
|  |  | 少数株主損益(また損失) | ××× |
|  |  | 当期純利益 | ××× |

※税金等調整前当期純利益と表中の[　]は、連結損益計算書の記載事項です。

## （1）「売上総利益」の計算とは？

　売上総利益は、「粗利益」といわれ、「売上高」から「売上原価」を控除して求めます。これは、販売した製商品の原価に対する値入額(利益)を意味しています。なお、商品売買業と製造業(メーカー)で売上原価の計算は異なっています。

　　**売上高－売上原価＝売上総利益**

### ① 商品売買業での売上原価の計算

　商品売買業での売上原価は、期首商品棚卸高に当期商品仕入高を加え、期末商品棚卸高を差し引いて求めます。

　　**売上原価＝期首商品棚卸高＋当期商品仕入高－期末商品棚卸高**

### ② 製造業での売上原価の計算

　製造業での売上原価は、期首製品棚卸高に当期製品製造原価を加え、期末製品棚卸高を差し引いて求めます。

　　**売上原価＝期首製品棚卸高＋当期製品製造原価－期末製品棚卸高**

　なお、当期製品製造原価は、正しい原価計算を用いて計算されたもので、総製造費用(材料費＋労務費＋経費)に期首仕掛品棚卸高を加え、期末仕掛品棚卸高を差し引いて求めます。これを一覧表にしたものが「製造原価明細表」または「製造原価報告書」といいます。

　　**当期製品製造原価＝期首仕掛品棚卸高＋当期総製造費用(材料費**
　　　　　　　　　　　　**＋労務費＋経費)－期末仕掛品棚卸高**

## (2)「営業利益」の計算とは？

営業利益は、第1段階で計算された「売上総利益」から広告宣伝費、貸倒引当金繰入額、給料などの人件費、減価償却費など販売活動と管理活動で発生した「販売費及び一般管理費」を差し引いて求められます。この営業利益は、主たる営業活動の商製品の売買活動の純成果（利益）を示していることから「本業の利益」といわれています。

**営業利益＝売上総利益－販売費及び一般管理費**

## (3)「経常利益」の計算とは？

経常利益は、第2段階で求められた「営業利益」に受取利息など、主として財務活動で経常的に得られる金融収益や有価証券評価益などの「営業外収益」を加え、支払利息など、主として財務活動で経常的に支払われる金融費用や有価証券評価損や棚卸減耗費などの「営業外費用」を差し引いて求められます。

**経常利益＝営業利益＋営業外収益－営業外費用**

ここで求められる経常利益は、当期の経常的な活動からの純成果を意味し、当期の経営成績を表しています。

## (4)「税引（税金等調整）前当期純利益」の計算とは？

税引（税金等調整）前当期純利益は、第3段階で求められた「経常利益」に固定資産や投資目的での有価証券の売却益など、臨時的に発生する収益（臨時収益）である特別利益を加え、固定資産や投資目的での有価証券の売却損（除却損）、災害損失など、臨時的に発生する費用（臨時損失）である特別損失を差し引いて求められます。

**税引前当期純利益＝経常利益＋特別利益－特別損失**

ここで求められる税引前当期純利益は、法人税等課税前処分可能利益で、社会貢献度の物差しにもなっています。

## （5）「当期純利益」の計算とは？

　当期純利益は、第4段階で求められた「税引(税金等調整)前利益」から「法人税等」を控除して求められます。

**当期純利益＝税引(税金調整)前当期純利益－法人税等**

　ここでの当期純利益は、株主に対する配当可能利益の大きさを示しています。

## 3.5 「(連結)キャッシュ・フロー計算書」の仕組みを考えよう

　キャッシュ・フロー計算書とは個別企業またはグループ(連結)企業の一会計期間の現金預金等（キャッシュ）の出入り（フロー）の状況を明らかにした財務諸表です。

　(連結)キャッシュ・フロー計算書の仕組みは、「営業活動によるキャッシュ・フロー」（「営業キャッシュ・フロー」と略称します）、「投資活動によるキャッシュ・フロー」（「投資キャッシュ・フロー」と略称します）および「財務活動キャッシュ・フロー」（「財務キャッシュ・フロー」と略称する）の3つに分かれています。

　キャッシュ・フロー計算書は3つの活動に区別することで、各活動のキャッシュが過不足状態を明らかにするとともに、3つの活動のキャッシュのバランスをみることができます。

　キャッシュ・フロー計算書の後半の最後の部分には、上記の①＋②＋③の合計額がいわゆる当期の「キャッシュ・フロー増減額」となる「現金及び現金同等物の増減額」を計算し、それに「期首残高」を加えることで「期末残高」を求めるようになっています。

| | (連結)キャッシュ・フロー計算書 | | |
|---|---|---|---|
| | 自平成〇年〇月〇日　至平成〇年〇月〇日 | | |
| Ⅰ | 営業活動によるキャッシュ・フロー | ① | ××× |
| Ⅱ | 投資活動によるキャッシュ・フロー | ② | ××× |
| Ⅲ | 財務活動によるキャッシュ・フロー | ③ | ××× |

| | | |
|---|---|---|
| 現金及び現金同等物の増減額 | ①+②+③ | ××× |
| 現金及び現金同等物に係る換算差額 | | ××× |
| 現金及び現金同等物の期首残高 | (+) | ××× |
| 現金及び現金同等物の期末残高 | (=) | ××× |

## (1) 営業活動によるキャッシュ・フロー(「営業キャッシュ・フロー」と略称する)とは?

　営業キャッシュ・フローは、商・製品などを仕入れまたは製造・販売するという主たる営業活動(「本業」)から生み出された正味キャッシュ額で、営業活動での現金創出能力の大きさを示しています。営業キャッシュ・フローの記載には、直接法と間接法によるものがあります。通常は計算が簡単な間接法が採用されています。

### ① 直接法

　直接法による営業キャッシュ・フローは、主たる営業キャッシュ・フローを営業収入と商品仕入支出、人件費支出、その他の営業支出に分けることで、キャッシュによる収入とキャッシュによる支出を総額で計算する方法です。

**営業活動キャッシュ・フロー=営業収入(商製品の販売からの収入)－営業支出(商品仕入支出+人件費支出+その他の営業支出)**

### ② 間接法

　間接法による営業キャッシュ・フローは、「税引前当期純利益」または「税金等調整前当期純利益」を基準として、非キャッシュ損益項目、投資活動や財務活動への振替項目を加減して、さらに運転資金増減額を加減することで、間接的に計算する方法です。ここで、「非キャッシュ損益項目」とは、キャッシュの収支を伴わない損益項目のことで、いったん当期純利益に加減して、キャッシュ・フローを伴う当期純利益に修正します。

| (間接法) | キャッシュ・フロー計算書 |
|---|---|
| 営業活動によるキャッシュ・フロー | |
| 　税引前(税金等調整前)当期純利益 | ××× |
| 　減価償却費 | ××× |
| 　各種引当金の増減額(△は減少) | ±××× |
| 　受取利息及び受取配当金 | △××× |

| | |
|---|---|
| 支払利息 | ××× |
| 為替差損益(△は益) | ±××× |
| 有価証券や固定資産の売却損益(△は益) | ±××× |
| 災害損失 | ××× |
| 売上債権や棚卸資産の減少 | ××× |
| 仕入債務の増加 | ××× |
| 売上債権や棚卸資産の増加 | △××× |
| 仕入債務の減少 | △××× |
| ………………………… | ××× |
| 小計 | ××× |
| 利息及び配当金の受取額 | ××× |
| 利息の支払額 | △××× |
| 法人税等の支払額 | △××× |
| 営業活動によるキャッシュ・フロー | ××× |

間接法による営業キャッシュ・フローの作成の留意点は次のようになります。

ア．費用または損失として計上しているが、キャッシュ(資金)の支出がない減価償却費・各種引当金繰入額(または各種引当金増減額)・有価証券評価損・固定資産除却損・災害損失・為替差損などがあり、当期純利益に加算しています。

イ．有価証券や固定資産の売却損は、キャッシュ(資金)の支出がないので当期純利益に加算する。これにより、売却損を除いた額が自動的に、次の投資キャッシュ・フローでの「有価証券や固定資産売却による収入」などとして記載することができます。

ウ．有価証券評価益・為替差益などはキャッシュ(資金)の収入がないので当期純利益を減算しています。

エ．有価証券や固定資産の売却益は、当期純利益から減算することで営業キャッシュ・フローから除外でき、次の投資キャッシュ・フローでの「有価証券や固定資産売却による収入」などとして記載することができます。

オ．損益計算書に計上した受取利息及び配当金と支払利息は、「小計」欄の下に実際受取額と支払額を独立して記載する形式をとるために、いったん、受取利息及び配当金は減算し、支払利息は加算しています。

カ．売上債権の増減額、棚卸資産の増減額、仕入債務の増減額などの主たる営業活動からの資産・負債の増減額のことを「運転資金増減額」といいます。

売上債権や棚卸資産の増加額と仕入債務の減少額は、運転資金の増加として営業キャッシュ・フローの減少要因となります。逆に売上債権や棚卸資産の減少額と仕入債務の増加額は、運転資金の減少として、営業キャッシュ・フローの増加要因となります。

キ．アからカまで金額を加減し、「小計」としてその金額を記載しています。

　　**税引前当期純利益±非キャッシュ損益項目、投資および財務活動への振替項目（－損益計算書に計上した利息や配当金の受取額＋損益計算書に計上した利息や法人税の支払額）±運転資金増減額＝「小計」**

ク．「小計」以降は直接法、間接法問わず、利息や配当金の実際受取額を加算し、利息や法人税等の実際支払額を加えた営業キャッシュ・フローの金額になります。

　　**「小計」＋利息や配当金の実際受取額－利息や法人税等の実際支払額＝営業キャッシュ・フロー**

　なお、営業キャッシュ・フローがプラスのときはキャッシュ(資金)を外部に頼ることなく自前のキャッシュ(資金)で行われていることを表しています。この営業キャッシュ・フローは、常にプラスであることが必要で、多ければ多いほど、キャッシュ(資金)にゆとりができて投資活動などに回すことができます。逆にマイナスの場合には、キャッシュ(資金)不足を意味し、不足状態が続くと企業の存続が危うくする可能性があります。

## (2) 投資活動によるキャッシュ・フロー（「投資キャッシュ・フロー」と略称する）とは？

　投資キャッシュ・フローは、主として、設備投資や企業買収のためなどに、将来の利益獲得に向けての戦略的な投資活動のためのキャッシュ(資金)を、どのように集め、使っているかを明らかにしています。

　投資キャッシュ・フローは、取引ごとの総額表示することが原則なので、たとえば、有価証券や固定資産の取得額と売却額、貸付額と貸付回収額を相殺し、その差額で表示する純額表示はできないことになっています。

| キャッシュ・フロー計算書 | |
|---|---:|
| ………… | ××× |
| 投資活動によるキャッシュ・フロー | |
| 　　有価証券取得による支出 | △××× |
| 　　有価証券売却による収入 | ××× |
| 　　有形固定資産取得による支出 | △××× |
| 　　有形固定資産売却による収入 | ××× |
| 　　投資有価証券取得による支出 | △××× |
| 　　投資有価証券売却による収入 | ××× |
| 　　貸付けによる支出 | △××× |
| 　　貸付金の回収による収入 | ××× |
| 　　………… | ××× |
| 　　投資活動によるキャッシュ・フロー | ××× |

「投資活動による収入」には、有価証券・固定資産・投資有価証券などの売却による収入や貸付金回収による収入などがあります。

「投資活動による支出」には、有価証券・固定資産・投資有価証券などの取得による支出や貸付による支出などがあります。

なお、末尾の「投資活動によるキャッシュ・フロー」(投資キャッシュ・フロー)の金額に△(マイナス)がついているときには、投資キャッシュ・フローは投資活動収入額よりも投資活動支出額を超えた支出超過を表しています。一方、△がついていないときには、投資活動支出額を超えた収入超過を表しています。

## (3) 財務活動キャッシュ・フロー(「財務キャッシュ・フロー」と略称する)とは?

財務キャッシュ・フローは、営業活動や投資活動においてのキャッシュ(資金)が過不足したときに、どのようにキャッシュ(資金)を集めてきて、そのキャッシュ(資金)をどのように支出したか見ることができます。なお、財務活動キャッシュ・フローは、取引ごとの総額表示することが原則となっています。

| キャッシュ・フロー計算書 | |
|---|---:|
| ………… | ××× |
| 　　投資活動によるキャッシュ・フロー | ××× |
| 財務活動によるキャッシュ・フロー | |
| 　　借入による収入 | ××× |
| 　　借入金返済による支出 | △××× |
| 　　社債発行による収入 | ××× |

| | |
|---|---|
| 社債償還による支出 | △××× |
| 株式発行による収入 | ××× |
| 自己株式取得による支出 | △××× |
| 配当金支払額 | △××× |
| ……… | ××× |
| 財務活動によるキャッシュ・フロー | ××× |

　財務活動収入には、財務活動キャッシュ・フローのうち①借入による収入、②社債発行による収入、③株式発行による収入などがあります。

　財務活動支出には、財務活動キャッシュ・フローのうち①借入金返済による支出、②社債償還による支出、③自己株式発行による支出、④配当金支払額などがあります。

　なお、末尾の「財務活動によるキャッシュ・フロー」（財務キャッシュ・フロー）の金額に△（マイナス）がついているときには、財務キャッシュ・フローは財務活動収入額よりも財務活動支出額を超えた支出超過を表しています。一方、△がついていないときには、財務活動支出額よりも財務活動収入額を超えた収入超過を表しています。

# 第4考
# 「要約財務諸表分解表」とは何かを考える
―企業間比較のための経営分析の第2段階①―

　経営分析の第2段階は、財務諸表による概観分析を行うことで、企業の全体像を把握することです。

　概観分析のためには、まず、入手した経営分析に必要な財務諸表や連結財務諸表から経営分析指標の分析値算定に必要な項目を重点に置いて配列した「要約財務諸表分解表」を作成することになります。

　なお、要約財務諸表分解表には、「要約貸借対照表分解表」、「要約損益計算書分解表」、「要約キャッシュ・フロー計算書分解表」があります。

## 4.1　「要約財務諸表分解表」を作ると何が分るのかを考えよう

　「要約財務諸表分解表」には、次のような特徴があります。

ア．少なくとも2期間(たとえば前期と今期)を並列させた項目の配列のみならず、構成比率法によって、「構成比率」欄を設け、そこに構成比率を計算して記載しています。この「構成比率」欄は、構成項目のうち金額や構成比率が突出している重要な構成項目が明確になります。

　　各構成項目の構成比率を求めるための100%とする基準項目は、要約貸借対照表分解表では「資産合計(総資産)」と「負債純資産(総資本)」の金額、要約損益計算書分解表では「売上高」の金額、要約キャッシュ・フロー計算書分解表では「営業活動キャッシュ・フロー」の金額です。

イ．前期と今期など少なくとも2期間での期間比較として並列させるだけではなく、より期間比較ができるように独立して「期間比較」欄も設け、そこに

前期金額から今期金額を差し引いた「増減額」とその増減額を前期金額で割ってその伸び率を計算した「増減率」を計算して記載しています。この「期間比較」欄は、期中増減の大きい構成項目が明確になり、その企業間比較も可能になります。

ウ.「構成比率」欄と「期間比較」欄も加えた要約財務諸表分解表は、企業別に作成することで、企業別・期間別に、構成項目の特徴点や問題点を概観で把握することができます。

# 第5考
# 「要約貸借対照表分解表」とは何かを考える
## ―企業間比較のための経営分析の第2段階②―

　経営分析のための要約貸借対照表分解表は、個別企業もしくはグループ(連結)企業の一定時点(期末時点)における資産、負債および純資産の財政状態を明らかにしたものです。

　要約貸借対照表分解表は概観分析も容易にできる構成項目を絞りながら、さらに期間比較もできるように、前期(前年度)の要約貸借対照表分解表の結果を記載する「前期」欄と今期(今年度)の要約貸借対照表分解表の結果を記載する「今期」欄、さらに今期と前期との増減金額やその増減率を記載する「期間比較」欄を設けた一覧表のことです。

## 5.1　要約貸借対照表分解表―資産の部―の作成方法を考えよう

### (1) 要約貸借対照表分解表―資産の部―の作成のための留意点は？

　要約貸借対照表分解表―資産の部―の作成のための留意点は次のとおりです。

ア．資産の部は、流動資産、固定資産、繰延資産の3つからなっています。資産の部合計は、経営分析では「総資産」といいます。

**資産の部合計(総資産)＝流動資産＋固定資産＋繰延資産**

イ．流動資産の部は、経営分析上、当座資産、棚卸資産、その他の流動資産の3つに分けます。

**流動資産＝当座資産＋棚卸資産＋その他の流動資産**

ウ．当座資産は、直接、いつでも必要な時に現金に換金でき、いつでも支払手段として使用できるもので、それには現金預金、売上債権、(売買目的の)有価証券があります。

**当座資産＝現金預金＋売上債権＋(売買目的の)有価証券**

売上債権は、商製品の販売による掛債権をいい、これには受取手形や売掛金などがあります。なお、売上債権の中身は業種によって呼称が異なりますので注意が必要です。

**売上債権＝受取手形＋売掛金**

(売買目的の)有価証券は、証券取引所でいつでも売買でき、必要な時にいつでも換金でき、いつでも支払手段として使用できます

エ．経営分析では「現金性資産」を使います。それは、すぐに支払手段として使用できる資産のことで、「現金預金」に売買目的の「有価証券」を加えたものです。売買目的の有価証券は、いつでも証券市場で売買でき、換金できることから現金預金と同様に扱っています。

**現金性資産＝現金預金＋売買目的の有価証券**

オ．棚卸資産は、仕入活動での商品や事務用消耗品など、製造活動で消費する原材料、製造活動の途中の仕掛品・半製品・工場消耗品や貯蔵品、最終製品の製品などいい、販売過程を通すことで、当座資産になるものをいいます。なお、棚卸資産の中身は業種によって呼称が異なりますので注意が必要です。

**棚卸資産＝商品・製品＋原材料＋仕掛品・半製品＋貯蔵品・消耗品など**

カ．「その他の流動資産」は当座資産と棚卸資産以外の「未収金」・「短期貸付金」・「前払費用」・「未収収益」・「繰延税金資産」などの1年以内に換金化(費用化)される資産をいいます。なお、流動資産から控除している貸倒引当金のうち、一括記載法(流動資産の一番下に記載してあるもの)のときは、各資産から控除の金額が不明なので、その他の流動資産から控除します。

キ．固定資産の部は、有形固定資産、無形固定資産、投資その他の資の3つから構成されています。

**固定資産合計＝有形固定資産＋無形固定資産＋投資その他の資産**

有形固定資産には、建物、構築物、機械設備、車両運搬具、備品、土地、建設仮勘定（建設途中のもので営業活動では使用される前のものをいいます）からなっています。なお、減価償却累計額は各固定資産の金額（取得原価）から控除する項目です。したがって有形固定資産の金額は減価償却累計額を控除した純額を使用します。

　無形固定資産には、特許権・実用新案権・商標権・ソフトウェアなどの工業所有権や企業の買収や合併で発生するのれんなどがあります。

　投資その他の資産は、投資有価証券、長期貸付金、子会社株式など投資目的や他企業支配目的などで使用されます。

ク．繰延資産は、原則、支出時に全額費用とすべきですが、支出時の金額があまりにも多額で、支出時以降の期間損益に大きな影響を及ぼす可能性があるときには、経過的に資産に計上するものをいいます。したがって譲渡価値（換金価値）がない資産ということでこれを「擬制資産」といいます。

　これには、「創立費」、「開業費」、「株式交付費」、「社債発行費」、「開発費」の5つがあります。

ケ．経営分析では、「経営資本」を用いることがあります。これは、経営資産ともいい、諸説ありますが実際に営業活動で使用する資産のことで、ここでは簡単に総資産から経営外資産を控除して求めます。経営外資産とは、有形固定資産のなかの「建設仮勘定」、「投資その他の資産」および「繰延資産」のことです。

**経営資本＝総資産－経営外資産**
**経営外資産＝建設仮勘定＋投資その他の資産＋繰延資産**

## (2) 実例による要約貸借対照表分解表―資産の部―を作成してみよう

　M社の公表連結貸借対照表―資産の部―を参考に「要約貸借対照表分解表―資産の部―」を作成しましょう。なお、表中の吹き出し部分は、「要約貸借対照表分解表」の作成に便利なように筆者が加えたものです。

## ① 実例によるM社の「連結貸借対照表―資産の部―」

【連結貸借対照表】　　　　　　　　　　　　　　　　　　　　　　（単位：百万円）

| | 前連結会計年度 | 当連結会計年度 |
|---|---:|---:|
| **資産の部** | | |
| **流動資産** | | |
| 　現金及び預金　〔当座資産〕 | 7,853 | 8,648 |
| 　受取手形及び売掛金 | 372 | 423 |
| 　有価証券　〔現金性資産〕 | － | － |
| 　商品及び製品 | 243 | 269 |
| 　仕掛品 | － | － |
| 　原材料及び貯蔵品 | 2,201 | 2,457 |
| 　繰延税金資産　〔棚卸資産〕 | 494 | 426 |
| 　その他 | 963 | 926 |
| 　貸倒引当金 | － | － |
| 　流動資産合計　〔その他の流動産産〕 | 12,127 | 13,152 |
| **固定資産** | | |
| 　**有形固定資産** | | |
| 　　建物及び構築物 | 37,495 | 37,523 |
| 　　　減価償却累計額 | △21,871 | △23,347 |
| 　　建物及び構築物（純額） | 15,623 | 14,176 |
| 　　機械装置及び運搬具 | 5,202 | 5,398 |
| 　　　減価償却累計額 | △3,680 | △4,016 |
| 　　機械装置及び運搬具(純額) | 1,522 | 1,381 |
| 　　工具・器具及び備品 | 7,361 | 7,275 |
| 　　　減価償却累計額 | △5,721 | △5,907 |
| 　　工具・器具及び備品（純額） | 1,640 | 1,367 |
| 　　土地 | 10,266 | 10,266 |
| 　　リース資産 | 833 | 1,181 |
| 　　　減価償却累計額 | △432 | △549 |
| 　　リース資産（純額） | 401 | 632 |
| 　　建設仮勘定　〔経営外資産〕 | 12 | 51 |
| 　　有形固定資産合計 | 29,466 | 27,875 |
| 　**無形固定資産** | | |
| 　　ソフトウェア | 190 | 171 |
| 　　のれん | － | － |
| 　　その他 | 19 | 24 |
| 　　無形固定資産合計 | 209 | 195 |
| 　**投資その他の資産** | | |
| 　　投資有価証券 | 173 | 66 |
| 　　差入保証金(敷金) | 13,118 | 12,848 |
| 　　長期貸付金 | － | － |
| 　　長期前払家賃 | 586 | 537 |
| 　　店舗賃借仮勘定 | 74 | 37 |
| 　　繰延税金資産 | 1,134 | 1,081 |
| 　　投資不動産 | 1,152 | 1,195 |
| 　　　減価償却累計額 | △515 | △560 |
| 　　投資不動産（純額）　〔経営外資産〕 | 637 | 635 |
| 　　その他 | 361 | 370 |
| 　　貸倒引当金 | △10 | △11 |
| 　　投資その他の資産合計 | 59,095 | 61,532 |
| 　固定資産合計 | 45,752 | 43,638 |
| **繰延資産** | | |

| | | | |
|---|---|---|---|
| 株式交付費 | 経営外資産 | ― | ― |
| 社債発行費 | | ― | ― |
| 繰延資産合計 | | ― | ― |
| 資産合計 | 総資産 | 57,879 | 56,790 |

## ② M社の「要約貸借対照表分解表―資産の部―」の作成例

　M社の実例連結貸借対照表から「要約貸借対照表分解表―資産の部」を作成します。ここでは後述する成長性の分析にも使用できるように「前々期」の金額も記入してあります（この後の要約財務諸表分解表も同様です）。

　各項目の構成比については各期の資産の部合計の金額を100％としたときの各構成項目の割合(％)を求めたものです。また、期間比較の増減額は当期の金額から前期の金額を差し引いて算出します。期間比較の増減率は、増減額を前期の金額で割った割合を記入します。なおそれぞれの算出方法については要約貸借対照表分解表の欄外に[算出方法]として記載してありますので、参考にしてください。

| （ M 会社） | 要約貸借対照表分解表 | | | | | | |
|---|---|---|---|---|---|---|---|
| | 前々期 | 前期 | | 今期 | | 期間比較 | |
| | 百万円 | 百万円 | 構成比 | 百万円 | 構成比 | 増減額 | 増減率 |
| （資産の部） | | | | | | | |
| Ⅰ 流動資産 | 13,074 | 12,127 | イ 20.95 | 13,152 | ソ 23.16 | タ 1,025 | チ 8.45 |
| 　当座資産 | 8,076 | 8,225 | ウ 14.21 | 9,071 | 15.97 | 846 | 10.29 |
| 　（うち現金預金） | 7,666 | 7,853 | エ 13.57 | 8,648 | 15.23 | 795 | 10.12 |
| 　（うち売上債権） | 410 | 372 | オ 0.64 | 423 | 0.74 | 51 | 13.71 |
| 　（うち有価証券） | 0 | 0 | 0.00 | 0 | 0.00 | 0 | 0.00 |
| 　（うち現金性資産） | 7,666 | 7,853 | カ 13.57 | 8,648 | 15.23 | 795 | 10.12 |
| 　棚卸資産 | 3,508 | 2,444 | キ 4.22 | 2,726 | 4.80 | 282 | 11.54 |
| Ⅱ 固定資産合計 | 49,174 | 45,762 | ク 79.06 | 43,638 | 76.84 | △2,124 | △4.64 |
| 　有形固定資産 | 32,487 | 29,466 | ケ 50.91 | 27,875 | 49.08 | △1,591 | △-5.40 |
| 　（うち建設仮勘定） | 241 | 12 | コ 0.02 | 51 | 0.09 | 39 | 325.00 |
| 　無形固定資産 | 203 | 209 | サ 0.36 | 195 | 0.34 | △14 | △6.70 |
| 　投資その他の資産 | 16,483 | 16,076 | シ 27.78 | 15,567 | 27.41 | △509 | △3.17 |
| Ⅲ 繰延資産合計 | 0 | 0 | 0.00 | 0 | 0.00 | 0 | 0.00 |
| 総資産（資産合計） | 62,249 | 57,879 | ア 100.00 | 56,790 | セ 100.00 | △1,089 | △1.88 |
| （うち経営資本） | 45,525 | 41,791 | ス 72.20 | 41,172 | 72.50 | △619 | △1.48 |

[算出方法]
① 　各年度の構成比はつぎのように計算します。
　ア．前期の資産合計 57,879 を 100.00（％）とし、それ以降の構成項目の割合を求めます。

イ．8,225÷57,879×100＝20.95
ウ．8,225÷57,879×100＝14.21
エ．～ス．までの構成比は同様に計算します。
セ．27年度の資産合計56,790を100.00（％）とし、それ以降の構成項目の割合を求めます。
ソ．13,125÷56,790×100＝23.11
　　以下同様に求めます。
② 期間比較欄の増減と増減率の求め方は次のように行います。
タ．増減額は今期金額13,127から前期金額12,125を差し引いた1,028となります。
チ．増減率は、増減額（上記タの金額）1,028を26年度の金額12,125で割って求めた割合（×100）である8.45となります。

|設例| 上記のM社の「要約貸借対照表分解表－資産の部－」から前期と今期の概観分析を行いなさい。

（模範解答例）
①構成比からみると、流動資産と固定資産の割合が、前期で約21％対79％、今期で約23％対77％となり、流動資産が増加している。流動資産のなかの当座資産と棚卸資産では、前期で約14％対4％、今期で約16％対5％となっている。当座資産のなかの売上債権は前期、今期とも1％弱で少ないことも分る。M会社は、売上債権や棚卸資産が少ない会社であると思われる。固定資産の中の有形固定資産は、全資産の前期、今期とも半分の約50％を占め、残りの約28％が無形固定資産となっている。
②期間比較からみると、流動資産が約9％増加し、固定資産が約5％減少している。その中でも、当座資産(現金性資産も同様に)が約10％増加し、その他の流動資産が約7％減少している。なお、売上債権と棚卸資産も約10％、11％増加しているが、その実際額が少ない中での増加率となっている。固定資産のなかでも有形固定資産約5％、無形固定資産約7％、投資その他の資産約3％でともに減少となっている。

|問5-2| 巻末にある資料2のR社の「要約貸借対照表分解表－資産の部－」から前期と今期の概観分析を行いなさい。

（解答記入欄）

※書き切れないときには、用紙を貼って付けたしてください

## 5.2 要約貸借対照表分解表―負債純資産の部―の作成方法を考えよう

### (1) 要約貸借対照表分解表―負債純資産の部―の作成のための留意点とは？

要約貸借対照表分解表―負債純資産の部―の作成のための留意点は次のとおりです。

ア．負債純資産合計は、負債合計に純資産合計を加算したものです。負債純資産合計を、経営分析では「総資本」といい、資産の部合計の「総資産」と同じ金額になります。

**負債純資産合計(総資本)＝負債合計＋純資産合計＝資産合計(総資産)**

イ．負債の部は、流動負債と固定負債の２つからなっています。負債の部合計は、経営分析では「他人資本」といいます。

**負債の部合計(他人資本)＝流動負債＋固定負債**

ウ．流動負債は、経営分析上、仕入債務と、短期借入金・預り金・引当金など１年基準で１年以内のその他の流動負債に分かれます。

仕入債務は、主たる営業活動での棚卸資産を購入するための掛債務です。これには支払手形と買掛金とがあります。なお、仕入債務の中身は業種によって呼称が異なりますので注意が必要です。

**仕入債務＝支払手形＋買掛金**

エ．固定負債は、社債・長期借入金など返済期限が貸借対照表日の翌日から1年以上の債務、退職給付引当金などをいいます。1年以上の債務のうち、1年以内になったときには、流動負債のなかに1年以内償還の社債や1年以内返済の借入金となります。

オ．経営分析では、「有利子負債」を使用します。これは、返済するまでの利息の支払いを伴うものをいい、利益計算に影響を与える負債のことです。これには短期や長期の借入金・社債・リース負債などがあります。

**有利子負債＝短期有利子負債（1年以内返済の短期借入金＋1年以内償還社債＋リース債務＋コマーシャル・ペーパーなど）＋長期有利子負債（超期借入金＋社債＋リース債務など）**

カ．純資産の部は、株主資本と株主資本以外の純資産があります。

**純資産の部＝株主資本＋株主資本以外の純資産**

キ．株主資本は、払込資本と稼得資本とに分かれます。払込資本は、株主が直接純資産の増減に関係するものをいい、これには資本金と資本剰余金（資本金としなかった分）、自己株式があります。自己株式は払込資本の自己発行の株式の買入分なので払込資本のマイナスと計算し、結果として株主資本のマイナスとなります。

また、稼得資本は、払込資本の運用結果として稼得した利益とその社内留保分として利益剰余金のことです。

**株主資本＝払込資本＋稼得資本**
**払込資本＝資本金＋資本剰余金－自己株式**
**稼得資本＝利益剰余金**

ク．株主資本の期首と期末の差額と損益計算書の当期純利益と等しくなります。これ対して純資産の期首と期末の差額のことを「包括利益」といいます。し

たがって、包括利益は「当期純利益」と「その他の包括利益」の合計額となります。

「その他の包括利益」は、包括利益のうち当期純利益の構成要素しないもので、将来の損益に影響を及ぼす利益予備群としての性格を有しています。これには、長期保有目的の有価証券の評価差額である「その他有価証券差額金の増減額」や為替レートの変動による海外子会社の資産価値の評価差額である「為替勘定調整勘定の増減額」などがあり、企業が保有する資産や負債の時価の変動額で、当期の損益として処理しない未実現評価損益の増減額のことをいいます。

ケ．経営分析で、返済不要の資金源を「自己資本」といいますが、本章では「株主資本」に「その他包括利益累計額」を加算したものをいいます。

**自己資本＝株主資本＋その他包括利益累計額**

なお、「自己資本」を単に「純資産」のことをいうこともあります。

コ．その他の純資産には、その他包括利益累計額を除いた新株予約権、少数株主持分（連結のみ）などがあります。

サ．経営分析では、「長期資本」を用いることがあります。これは、調達源泉としての資本の利用期間の長短による区別です。長期資本は、調達資本の中でも1年以上使用できる資本のことで、これには自己資本（純資産）と固定負債の合計となります。

**長期資本＝自己資本＋固定負債**

## （3）実例による「要約貸借対照表分解表－負債純資産の部－」を作成してみよう

M社の公表連結貸借対照表－負債純資産の部－を参考に「要約貸借対照表分解表－負債純資産の部－」を作成しましょう。なお、表中の吹き出し部分は、「要約貸借対照表分解表」の作成に便利なように筆者が加えたものです。

## ① 実例に見るM社の連結貸借対照表－負債純資産の部－の例

| | 前連結会計年度 | 当連結会計年度 |
|---|---|---|
| **負債の部** | | |
| 　流動負債 | | |
| 　　支払手形及び買掛金（仕入債務） | 1,577 | 1,919 |
| 　　短期借入金 | 344 | 238 |
| 　　1年内償還予定の社債 | — | — |
| 　　1年内返済予定の長期借入金 | 3,489 | 3,477 |
| 　　リース債務 | 157 | 174 |
| 　　未払金 | 2,516 | 2,673 |
| 　　未払法人税等 | 993 | 700 |
| 　　賞与引当金（有利子負債①） | 902 | 833 |
| 　　デリバティブ債務 | — | — |
| 　　資産除去債務 | — | — |
| 　　繰延税金負債 | — | — |
| 　　その他 | 1,091 | 1,642 |
| 　流動負債合計 | 11,073 | 11,660 |
| 　固定負債 | | |
| 　　社債 | — | — |
| 　　長期借入金（有利子負債②） | 11,570 | 9,478 |
| 　　リース債務 | 263 | 502 |
| 　　退職給付引当金 | 582 | 582 |
| 　　資産除去債務 | 689 | 700 |
| 　　繰延税金負債 | 14 | 12 |
| 　　その他（長期資本①） | 165 | 168 |
| 　固定負債合計 | 13,286 | 11,443 |
| 　負債合計（他人資本） | 24,360 | 23,104 |
| **純資産の部** | | |
| 　株主資本 | | |
| 　　資本金（払込資本） | 6,655 | 6,659 |
| 　　資本剰余金 | 6,96 | 6,963 |
| 　　利益剰余金（稼得資本） | 19,946 | 20,104 |
| 　　自己株式（払込資本のマイナス） | △13 | △13 |
| 　　株主資本合計 | 33,552 | 33,709 |
| 　その他の包括利益累計額 | | |
| 　　その他有価証券評価差額金（自己資本（長期資本②）） | 0 | 0 |
| 　　繰延ヘッジ損益 | — | — |
| 　　為替換算調整勘定 | △33 | △24 |
| 　その他包括利益累計額合計 | △33 | △23 |
| 　新株予約権 | — | — |
| 　少数株主持分（その他の純資産） | — | — |
| 　純資産合計 | 33,519 | 33,685 |
| 　負債純資産合計（総資本） | 57,879 | 56,790 |

## ② M社の要約貸借対照表分解表―負債純資産の部―の作成例

　M社の実例連結貸借対照表から「要約貸借対照表分解表―負債純資産の部」を作成します。なお、構成比率は各期の負債純資産の部合計の金額を100%としたときの各構成項目の割合(%)を求めたものです。また、期間比較の増減額は当期の金額から前期の金額を差し引いて算出します。期間比較の増減率は、増減額を前期の金額で割った割合を記入します。なおそれぞれの算出方法については要約貸借対照表分解表―資産の部―の欄外に記載した【算出方法】を参考にしてください。

|  | 前々期 | 前　期 | | 今　期 | | 期間比較 | |
|---|---|---|---|---|---|---|---|
|  | 百万円 | 百万円 | 構成比 | 百万円 | 構成比 | 増減額 | 増減率 |
| （負債の部） | | | | | | | |
| Ⅰ 流動負債 | 12,021 | 11,073 | 19.13 | 11,660 | 20.53 | 587 | 5.30 |
| 　（うち仕入債務） | 1,766 | 1,577 | 2.72 | 1,919 | 3.38 | 342 | 21.69 |
| 　（うち短期有利子負債） | 4,906 | 3,990 | 6.89 | 3,889 | 6.85 | △101 | △2.58 |
| Ⅱ 固定負債 | 16,902 | 13,286 | 22.95 | 11,443 | 20.15 | △1,843 | △13.87 |
| 　（うち長期有利子負債） | 15,469 | 11,833 | 20.44 | 9,980 | 17.57 | △1,853 | △15.66 |
| 他人資本（負債合計） | 28,924 | 24,360 | 42.09 | 23,104 | 40.68 | △1,256 | △5.16 |
| 　（うち有利子負債） | 20,375 | 15,823 | 27.34 | 13,869 | 24.42 | △1,954 | △12.35 |
| （純資産の部） | | | | | | | |
| Ⅰ 株主資本 | 33,329 | 33,552 | 57.97 | 33,709 | 59.36 | 157 | 0.47 |
| 　払込資本 | 13,606 | 13,605 | 23.51 | 13,605 | 23.96 | 0 | 0.00 |
| 　（うち資本金） | 6,655 | 6,655 | 11.50 | 6,655 | 11.72 | 0 | 0.00 |
| 　稼得資本（利益剰余金） | 19,733 | 19,946 | 34.46 | 20,104 | 35.40 | 158 | 0.79 |
| Ⅱ その他包括利益累計額 | △14 | △33 | △0.06 | △23 | △0.04 | 10 | △30.30 |
| 自己資本 | 33,315 | 33,520 | 57.91 | 33,686 | 59.32 | 166 | 0.50 |
| Ⅲ その他の純資産 | 0 | 0 | 0.00 | 0 | 0.00 | 0 | 0.00 |
| 総資本（負債純資産合計） | 62,249 | 57,879 | 100.00 | 56,790 | 100.00 | △1,089 | △1.88 |
| 純資産合計 | 33,525 | 33,519 | 57.91 | 33,685 | 59.32 | 166 | 0.50 |
| 　（うち長期資本） | 50,217 | 46,806 | 80.87 | 45,129 | 79.47 | △1,677 | △3.58 |

**設例**　上記のM社の「要約貸借対照表分解表―負債純資産の部―」から前期と今期の概観分析を行いなさい。

(模範解答例)
①構成比から見ると、負債と純資産の割合は、前期で約42%対58%、今期で約41%対59%であり、純負債が多くなっている。負債では、流動負債と固定負債の割合は、前期では約19%対23%、今期では約21%対20%であり、ほぼ同じ割合となっている。負債の中での有利子負債は、前期で約27%、今期で25%となり、負債全体の半分以上となっている。

株主資本は前期約58%、今期約60%で、総資本の60%前後を占め、株主資本の中の払込資本と稼得資本(利益剰余金)との割合が、前期で約24%対34%、今期で約24%対35%であり稼得資本(利益剰余金)が大きい。
②期間比較から見ると、他人資本(負債)全体は約5%の減少で、その中でも流動負債は約5%の増加、固定負債は約14%の減少となっている。その流動負債の中でも仕入債務早く22%の増加、固定負債の中でも有利利子負債は大きく約16%の減少となっている。純資産の増減とその中の株主資本の増減はほとんどなく、その他包括利益累計額が全体に占める金額が少ないが、約30%の大幅な減少となっている。総資本の減少が約2%、固定負債の減少のともない長期資本の減少が約4%の減少となっている。

**問5-2** 巻末にある資料2のR社の「要約貸借対照表分解表－負債純資産の部－」から前期と今期の概観分析を行いなさい。

(解答記入欄)

※書き切れないときには、用紙を貼って付けたしてください

# 第6考
# 「要約損益計算書分解表」とは何かを考える
― 企業間比較のための経営分析の第2段階③―

　経営分析のための要約損益計算書分解表は、個別企業もしくはグループ(連結)企業の一定期間(1年間)における収益と費用の経営成績を明らかにしたものです。

　要約損益計算書分解表は概観分析も容易にできる構成項目を絞りながら、さらに期間比較もできるように、前期(前年度)の要約損益計算書分解表の結果を記載する「前期」欄と今期(今年度)の要約損益計算書分解表の結果を記載する「今期」欄、さらに前期と今期との増減金額とその増減率を記載する「期間比較」欄を設けた一覧表のことです。

## 6.1　要約損益計算書分解表の作成方法を考えよう

### (1) 要約損益計算書分解表の作成のための留意点は？
　要約損益計算書を作成するときの留意点はは次のとおりです。

ア．要約損益計算書分解表では、5つの利益段階(売上総利益・営業利益・経常利益・税引(税金等調整)前当期純利益・当期純利益)に従って作成しています。

イ．その他の営業収入があるときには売上高に加算し、その他営業収入に対する原価の記載があるときには売上原価に加算します。したがって、営業総利益の記載があるときには、営業総利益が売上総利益となります。

ウ．販売及び一般管理費の内訳欄にある「人件費」には、役員や従業員が労働力の対価として支払うものをいいます。これには役員や従業員の給与・報酬、

賞与手当や賞与引当金繰入額、退職給付費用(退職給付引当金繰入額)、パート費用(雑給)、福利厚生費、製造原価明細表(製造原価報告書)のなかの労務費などの合計をいいます。なお、業種により人件費とする呼称が異なりますので注意が必要です。

  **人件費＝給与・報酬＋賞与手当＋賞与引当金繰入額＋退職給付費用(退職給付引当金繰入額)＋パート費用(雑給)＋福利厚生費など**

エ．営業外収益の内訳としての「金融収益」は、財務活動で経常的に発生する収益で、受取利息、有価証券利息、仕入割引などをいいます。

  **金融収益＝受取利息＋有価証券利息＋仕入割引など**

オ．営業外費用の内訳としての「金融費用」には、財務活動で経常的に発生する費用で、これには支払利息、社債利息、社債発行費償却などをいいます。

  **金融費用＝支払利息＋社債利息＋社債発行費償却など**

カ．経営分析での「純金融費用」は「金融費用」から「金融収益」を差し引いたものをいいます。

  **純金融費用＝金融費用－金融収益**

キ．経営分析では「事業利益」を使用することもあります。事業利益とは事業活動から得られる利益で、営業外活動で得られた営業利益に財務活動からの収益である金融収益を加えたものです。

  **事業利益＝営業利益＋金融収益**

ク．経営分析では、そのほかに「変動費」(売上高の増減により変化する費用のことで、本書では「売上原価」全額をさしています)、「固定費」(売上高の増減に関係なく一定の費用のこと)、「限界利益または貢献利益（売上高から変動費を控除した利益のこと）などを用いることがあります。固定費と変動費の分け方にはいろいろありますが、本書では下記のように最も簡単な方法で分けています（詳しくは第19考を参照のこと）。

  変動費＝売上原価
  固定費＝販売費及び一般管理費－営業外収益＋営業外費用
  限界利益＝売上高－変動費（売上原価）＝売上総利益

## 6.2 実例による「要約損益計算書分解表」を作成してみよう

M社の公表連結損益計算書を参考に「要約損益計算書分解表」を作成しましょう。なお、表中の吹き出し部分は、「要約損益計算書分解表」の作成に便利なように筆者が加えたものです。

① 実例によるM社の連結損益計算書

【連結損益計算書】　　　　　　　　　　　　　　　　　（単位：百万円）

| | 前連結会計年度 | 当連結会計年度 |
|---|---:|---:|
| 売上高 | 78,939 | 81,104 |
| 　売上原価 | 26,777 | 27,836 |
| 売上総利益 | 52,162 | 53,267 |
| 販売費及び一般管理費 | ※1　49,815 | ※1　51,121 |
| 　営業利益 | 2,347 | 2,145 |
| 営業外収益 | | |
| 　受取利息　　┐（金融収益） | 41 | 36 |
| 　受取配当金　┘ | 1 | 1 |
| 　賃借料収入(受取賃借料) | 252 | 268 |
| 　負ののれん償却 | — | — |
| 　為替差益 | — | — |
| 　その他 | 165 | 194 |
| 　営業外収益合計 | 460 | 500 |
| 営業外費用 | | |
| 　支払利息　　（金融費用） | 194 | 153 |
| 　賃貸費用 | 219 | 221 |
| 　為替差損 | — | — |
| 　その他 | 41 | 76 |
| 　営業外費用合計 | 455 | 451 |
| 経常利益 | 2,352 | 2,194 |
| 特別利益 | | |
| 　固定資産売却益 | 0 | 1 |
| 　関係会社株式売却益 | — | — |
| 　賃貸借契約解約違約金 | — | — |
| 　収用補償金 | 127 | 22 |
| 　営業補償金(受取補償金) | — | 27 |
| 　負ののれん発生益 | — | — |
| 　その他 | 4 | 0 |
| 　特別利益合計 | 131 | 52 |
| 特別損失 | | |
| 　固定資産売却損 | 18 | 12 |
| 　固定資産除却損 | 12 | 5 |
| 　投資有価証券評価損 | 98 | — |

| | | |
|---|---:|---:|
| 賃貸物件解約損(店舗閉鎖損失) | 25 | 51 |
| 減損損失 | — | — |
| 災害による損失 | 518 | 480 |
| 投資有価証券売却損 | — | — |
| 資産除去債務会計基準の適用に伴う影響額 | — | — |
| 和解金 | 1 | 55 |
| その他 | 1 | 5 |
| 特別損失合計 | 673 | 611 |
| 税金等調整前当期純利益 | 1,810 | 1,634 |
| 法人税、住民税および事業税 | 1,233 | 868 |
| 過年度法人税等 | — | — |
| 法人税等調整額 | △113 | 120 |
| 法人税等合計 | 1,120 | 988 |
| 少数株主損益調整前当期純利益 | 690 | 645 |
| 少数株主利益又は少数株主損失(△) | — | — |
| 当期純利益 | 690 | 645 |

※1 販売費及び一般管理費のうち主要な費目および金額は次のとおり。

| | 前連結会計年度 | 当連結会計年度 |
|---|---:|---:|
| 役員報酬 | 270 百万円 | 283 百万円 |
| 給与手当 | 4,903 百万円 | 4,797 百万円 |
| 賞与引当金繰入額 | 841 百万円 | 772 百万円 |
| 退職給付費用 | 532 百万円 | 546 百万円 |
| 雑給 | 17,170 百万円 | 18,219 百万円 |
| 水道光熱費 | 4,506 百万円 | 4,676 百万円 |
| 地代家賃 | 8,338 百万円 | 8,377 百万円 |
| 減価償却費 | 3,084 百万円 | 2,642 百万円 |

（役員報酬～雑給：人件費）

※2 一般管理費のうちの試験開発費の総額

| | 前連結会計年度 | 当連結会計年度 |
|---|---:|---:|
| 研究開発費 | 5 百万円 | 6 百万円 |

## ② M社の要約損益計算書分解表の作成例

　M社の実例連結損益計算書から「要約損益計算書分解表」を作成します。なお、構成比率は各期の売上高の金額を100％としたときの各構成項目の割合（％）を求めたものです。また、期間比較の増減額は当期の金額から前期の金額を差し引いて算出します。期間比較の増減率は、増減額を前期の金額で割った割合を記入します。なおそれぞれの算出方法については要約貸借対照表分解表の欄外に計算過程として記載したものを参考にしてください。

## 要約損益計算書分解表

（M 会社）

| | | 前々期 | 前期 | | 今期 | | 期間比較 | |
|---|---|---|---|---|---|---|---|---|
| | | 百万円 | 百万円 | 構成比 | 百万円 | 構成比 | 増減額 | 増減率 |
| I | 売上高 | 79,091 | 78,939 | 100.00 | 81,104 | 100.00 | 2,165 | 2.74 |
| II | 売上原価 | 26,798 | 26,777 | 33.92 | 27,836 | 34.32 | 1,059 | 3.95 |
| | 売上総利益 | 52,293 | 52,162 | 66.08 | 53,267 | 65.68 | 1,105 | 2.12 |
| III | 販売費及び一般管理費 | 50,365 | 49,815 | 63.11 | 51,121 | 63.03 | 1,306 | 2.62 |
| | （うち広告宣伝費） | 0 | 0 | 0.00 | 0 | 0.00 | 0 | 0.00 |
| | （うち人件費） | 22,767 | 23,184 | 29.37 | 24,617 | 30.35 | 1,433 | 6.18 |
| | （うち減価償却費） | 3,607 | 3,084 | 3.91 | 2,642 | 3.26 | △442 | △14.33 |
| | （うち試験開発費） | 4 | 5 | 0.01 | 5 | 0.01 | 0 | 0.00 |
| | 営業利益 | 1,927 | 2,347 | 2.97 | 2,145 | 2.64 | △202 | △8.61 |
| IV | 営業外収益 | 487 | 460 | 0.58 | 500 | 0.62 | 40 | 8.70 |
| | （うち金融収益） | 40 | 42 | 0.05 | 37 | 0.05 | △5 | △11.90 |
| V | 営業外費用 | 464 | 455 | 0.58 | 451 | 0.56 | △4 | △0.88 |
| | （うち金融費用） | 205 | 194 | 0.25 | 153 | 0.19 | △41 | △21.13 |
| | 経常利益 | 1,950 | 2,352 | 2.98 | 2,194 | 2.71 | △158 | △6.72 |
| VI | 特別利益 | 152 | 131 | 0.17 | 52 | 0.06 | △79 | △60.31 |
| VII | 特別損失 | 350 | 673 | 0.85 | 611 | 0.75 | △62 | △9.21 |
| | 税引前当期純利益 | 1,752 | 1,810 | 2.29 | 1,634 | 2.01 | △176 | △9.72 |
| | 法人税等 | 982 | 1,120 | 1.42 | 988 | 1.22 | △132 | △11.79 |
| | 少数株主利益 | 770 | 690 | 0.87 | 645 | 0.80 | △45 | △6.52 |
| | 当期純利益 | 770 | 690 | 0.87 | 645 | 0.80 | △45 | -6.52 |
| | （事業利益） | 1,967 | 2,389 | 3.03 | 2,182 | 2.69 | △207 | △8.66 |
| | （変動費） | 26,798 | 26,777 | 33.92 | 27,836 | 34.32 | 1,059 | 3.95 |
| | （限界利益） | 52,293 | 52,162 | 66.08 | 53,267 | 65.68 | 1,105 | 2.12 |
| | （固定費） | 50,342 | 49,810 | 63.10 | 51,072 | 62.97 | 1,262 | 2.53 |

**設例** 上記M社の「要約損益計算書分解表」から前期と今期の概観分析を行いなさい。

（解答例）

①構成比から見ると、売上原価は前期、今期とも約34％で、売上総利益は前期、今期とも66％とほぼ同じ。販売費及び一般管理費は、前期、今期とも約63％で、営業利益は前期、今期とも約3％となっている。営業外収益と営業外費用は金額がわずかで、前期、今期とも約1％未満で、経常利益は約3％未満で営業利益とほぼ同じ。特別利益と特別損失を加減した税引前当期純利益では、前期、今期とも約2％で、法人税等も前期、今期とも約1％で、結果として前期、今期とも当期純利益は1％未満となっている。構成比は前期、今期ともほぼ変わらないことが分る。

②期間比較からみると、売上高約3％の増加に対し、売上原価が4％の増加となっても、売上高の増加額が大きく売上総利益は約2％の増加となっている。販売費及び一般管理費は約3％の増加で、その中でも人件費が約6％の増加に対して固定資産の減少に伴い減価償却費が約14％の減少となっても、営業利益は約9％の減少で済んでいる。営業外収益は約9％の増加で営業外費用は前期と同じ、経常利益は約7％の減少で済んでいる。

しかし金融収益は約12％と金融費用は約21％でともに減少となっているが、金額が少ないために経常利益の減少に対する影響は少ない。特別利益は約60％の減少、特別損失は約9％の減少で、損益の減少率は大きいが、これも金額がわずかなので、税引前当期純利益は約10％の減少となっている。税引前当期純利益の減少に伴い法人税等も約12％の減少となり、結果として当期純利益は約7％の減少で済んでいる。

| 問6-1 | 資料2のR社の「要約損益計算書分解表」から前期と今期の概観分析を行いなさい。

（解答記入欄）

※書ききれないときには、用紙を貼って付けたしてください。

# 第7考
# 「要約キャッシュ・フロー計算書分解表」とは何かを考える
―企業間比較のための経営分析の第2段階④―

　経営分析のための要約キャッシュ・フロー分解表は、個別企業もしくはグループ(連結)企業の一定期間(1年間)における主として現金預金を中心としたキャッシュ(資金)の出入りの状況を明らかにしたものです。
　要約キャッシュ・フロー計算書分解表は概観分析も容易にできる構成項目を絞りながら、さらに期間比較もできるように、前期(前年度)の要約キャッシュ・フロー計算書分解表の結果を記載する「前期」欄と今期(今年度)の要約キャッシュ・フロー計算書分解表の結果を記載する「今期」欄、さらに前期と今期との増減金額とその増減率を記載する「期間比較」欄を設けた一覧表のことです。

## 7.1　要約キャッシュ・フロー計算書分解表の作成方法を考えよう

(1) 要約キャッシュ・フロー計算書分解表の作成のための留意点は？
　要約キャッシュ・フロー分解表を作成するときの留意点は次のとおりです。
ア.「営業キャッシュ・フロー」は間接法により記載します。
イ.「営業キャッシュ・フロー」の増減である内書きには、当期純利益、減価償却費、運転資金の増減額(運転資金の増加額と運転資金の減少額)を記載する。
ウ. 運転資金の増減額には、売上債権や棚卸資産の増加と仕入債務の減少(金額欄に△の記入があるもの)は「運転資金の増加」として「営業キャッシュ・フロー」のマイナスとして、また、売上債権や棚卸資産の減少と仕入債務の増

加（金額の前に△の記入のないもの）は「運転資金の減少」として「営業キャッシュ・フロー」のプラスとして、それぞれ合計額を記入します。

エ．「投資キャッシュ・フロー」は、投資活動支出額が投資活動収入額を超えていれば、△（マイナス）の金額となります。その増減の内訳である「投資活動収入」欄には、金額欄に△が付されていない金額であり、「投資活動支出」欄には、金額欄に△が付されている金額であり、その合計額を記入します。

オ．経営分析では「フリー・キャッシュ・フロー」の分析も行うことになるので、その金額を計算して記入します。

　フリー・キャッシュ・フローとは、本業で稼いだキャッシュ（営業活動キャッシュ・フロー）から将来にわたって事業活動の維持・発展のために不可欠なキャッシュをあてて、その残額のことで、経営者が自由に使うことができるキャッシュのことをいいます。このキャッシュが多いほど安定的な経営ができるといわれています。

　フリー・キャッシュ・フローの算出方法には、次の2つがありますが、このうち②の方が一般的ですが、本書では、より厳密な①の方法で求めることにしています。

① フリー・キャッシュ・フロー
　＝営業活動キャッシュ・フロー－投資活動支出

② フリー・キャッシュ・フロー
　＝営業活動キャッシュ・フロー－投資活動キャッシュ・フロー

カ．「財務キャッシュ・フロー」は、財務活動支出額が財務活動収入額を超えていれば、△（マイナス）の金額となります。その増減の内訳である「財務活動収入」欄には、金額欄に△が付されていない金額であり、「財務活動支出」欄には、金額欄に△が付されている金額であり、その合計額を記入します。

キ．「キャッシュ・フロー増減額」には、現金及び現金同等物の換算差額を控除した「現金及び現金同等物の増減額（△は減少）」の金額を記入します。

ク．現金及び現金同等物の期末残高は、（連結範囲変更等の増減等を加減した）最下段の金額を記入します。

## 7.2 実例による「要約キャッシュ・フロー分解表」を作成してみよう

M社の公表連結キャッシュ・フロー計算書を参考に「要約キャッシュ・フロー分解表」を作成しましょう。なお、表中の吹き出し部分は、「要約キャッシュ・フロー計算書分解表」の作成に便利なように筆者が加えたものです。

① 実例に見るM社の連結キャッシュ・フロー計算書

【連結キャッシュ・フロー計算書】　　　　　　　　　　（単位：百万円）

| | 前連結会計年度 | 当連結会計年度 |
|---|---:|---:|
| 営業活動によるキャッシュ・フロー | | |
| 　税金等調整前当期純利益 | 1,810 | 1,634 |
| 　減価償却費その他の償却費 〔非キャッシュ損益項目〕 | 3,860 | 3,416 |
| 　減損損失 | 518 | 480 |
| 　賞与引当金の増減額（△は減少） | 31 | △69 |
| 　受取利息及び受取配当金 | △42 | △37 |
| 　支払利息 | 194 | 153 |
| 　有形固定資産売却損益（△は減少） 〔投資・財務キャッシュ振替項目〕 | △96 | △5 |
| 　店舗閉鎖損失 | 19 | 46 |
| 　建設仮勘定おおよび店舗賃借仮勘定からの振替等調整用 | 319 | 585 |
| 　売上債権の増減額（△は増加） 〔運転資金増減項目〕 | 38 | △39 |
| 　たな卸資産の増減額（△は増加） | 1,061 | △281 |
| 　仕入債務の増減額（△は減少） | △190 | 332 |
| 　未払消費税等の増減額（△は減少） | 223 | 589 |
| 　その他 | 35 | 155 |
| 　小計 | 7,783 | 6,961 |
| 　利息及び配当金の受取額 | 5 | 3 |
| 　利息の支払額 | △190 | △151 |
| 　法人税等の支払額 | △1,256 | △1,160 |
| 　営業活動によるキャッシュ・フロー | 6,342 | 5,653 |
| 投資活動によるキャッシュ・フロー | | |
| 　建設仮勘定の増加及び有形固定資産取得による支出 | △1,158 | △1,842 |
| 　店舗賃借仮勘定、敷金および補償金等の増加により支出 | △284 | △278 |
| 　店舗賃借仮勘定、敷金および補償金等の減少により収入 | 261 | 161 |
| 　その他 | 94 | △19 |
| 　投資活動によるキャッシュ・フロー | △1,087 | △1,979 |
| 財務活動によるキャッシュ・フロー | | |
| 　短期借入れによる収入 | 2,748 | 2,508 |
| 　短期借入金の返済による支出 | △3,359 | △2,650 |

| | 前々期 | 前期 |
|---|---|---|
| 長期借入れによる収入 | — | 1,400 |
| 長期借入金の返済による支出 | △3,815 | △3,504 |
| リース債務の返済による支出 | △166 | △203 |
| 自己株式の取得による支出 | △0 | △0 |
| 配当金の支払額 | △476 | △457 |
| 財務活動によるキャッシュ・フロー | △5,068 | △2,907 |
| 現金及び現金同等物の換算差額 | 2 | 4 |
| 現金及び現金同等物の増減額（△は減少） | 188 | 770 |
| 現金及び現金同等物の期首残高 | 4,459 | 4,648 |
| 現金及び現金同等物の期末残高 | 4,648 | 5,456 |

② M社の要約キャッシュ・フロー計算書分解表の作成例

　M社の実例連結キャッシュ・フロー計算書から「要約キャッシュ・フロー計算書分解表」を作成します。なお、構成比率は各期の営業活動キャッシュ・フローの金額を100％としたときの各構成項目の割合(％)を求めたものです。また、期間比較の増減額は当期の金額から前期の金額を差し引いて算出します。期間比較の増減率は、増減額を前期の金額で割った割合を記入します。なおそれぞれの算出方法については要約貸借対照表分解表の欄外に[算出方法]として記載したものを参考にしてください。

| (　　M　　会社) | 要約キャッシュ・フロー計算書分解表 | | | | | | |
|---|---|---|---|---|---|---|---|
| | 前々期 | 前期 | | 今期 | | 期間比較 | |
| | 百万円 | 百万円 | 構成比 | 百万円 | 構成比 | 増減額 | 増減率 |
| Ⅰ 営業キャッシュ・フロー | 4,895 | 6,527 | 100.00 | 5,800 | 100.00 | △727 | △11.14 |
| （うち税引前当期純利益） | 1,752 | 1,810 | 27.73 | 1,634 | 28.17 | △176 | △9.72 |
| （うち減価償却費） | 4,431 | 3,860 | 59.14 | 3,416 | 58.90 | △444 | △11.50 |
| （うち運転資金減少額） | 0 | 1,099 | 16.84 | 332 | 5.72 | △767 | △0.70 |
| （うち運転資金増加額） | 2,422 | 190 | 2.91 | 320 | 5.52 | 130 | 68.42 |
| Ⅱ 投資キャッシュ・フロー | △7,724 | △1,082 | △16.58 | △1,975 | △34.05 | △893 | 82.53 |
| （うち投資活動支出額） | 8,345 | 1,442 | 22.09 | 2,139 | 36.88 | 697 | 48.34 |
| フリー・キャッシュ・フロー | △3,450 | 5,085 | 77.91 | 3,661 | 63.12 | △1,424 | △28.00 |
| （うち投資活動収入額） | 612 | 360 | 5.52 | 164 | 2.83 | △196 | △54.44 |
| Ⅲ 財務キャッシュ・フロー | 3,639 | △5,259 | △80.57 | △3,058 | △52.72 | 2,201 | △41.85 |
| （うち財務活動支出額） | 13,167 | 8,006 | 122.66 | 6,965 | 120.09 | △1,041 | △13.00 |
| （うち財務活動収入額） | 16,809 | 2,748 | 42.10 | 3,908 | 67.38 | 1,160 | 42.21 |
| キャッシュ・フロー増減額 | 812 | 188 | 2.88 | 770 | 13.28 | 582 | 309.57 |
| 現金及び現金同等物の期首残高 | 3,647 | 4,459 | 68.32 | 4,648 | 80.14 | 189 | 4.24 |
| 現金及び現金同等物の期末残高 | 4,459 | 4,648 | 71.21 | 5,456 | 94.07 | 808 | 17.38 |

## 設例 上記M社の「要約キャッシュ・フロー計算書分解表」から前期と今期の概観分析を行いなさい。

(解答例)
① 構成比からみると、営業キャッシュ・フローのプラスの主要構成となっている当期純利益、減価償却費、運転資金減少額は、前期では約28%、59%、17%で全体の約104%となり、今期では約28%、59%、6%で合計全体の約93%を占めている。営業キャッシュ・フローのマイナス要因となる運転資金の増加額は前期で約3%、今期で約6%となっている。

投資キャッシュ・フローは、前期で約17%、今期で約34%の支出超過となっている。投資活動キャッシュ・フローのマイナス要因となる財務活動支出額は、前期約22%、今期約6%で、プラス要因となる財務活動収入額は前期約5%、今期約22%となっている。また、営業キャッシュ・フローから投資支出額を差し引いたフリー・キャッシュ・フローは前期で約78%、今期で約63%のプラスとなっている。

財務キャッシュ・フローのマイナス要因となる財務活動支出額約123%で営業活動キャッシュ・フローを超過し、そのプラス要因となる財務活動収入額は、約42%、今期で約67%を占め、全体では前期で約81%、今期で約53%の支出超過となっている。その結果としてキャッシュ・フロー増減額は投資キャッシュ・フローと財務キャッシュ・フローを合わせて営業キャッシュ・フローから差し引いた割合で、前期で約3%しかなく、今期では大幅な約13%となっている。

② 期間比較では、営業キャッシュ・フローが約11%の減少、投資キャッシュ・フローは約83%の支出増加、財務キャッシュ・フローでは約42%の支出減少となっている。なお、フリー・キャッシュ・フローは約28%の減少となっている。

結果としてキャッシュ・フロー増減額は前期の188百万円から770百万円に大幅に増加したため約310%のキャッシュ(資金)増加となっています。

## 問7-1 巻末にある資料2のR社の「要約キャッシュ・フロー計算書分解表」から前期と今期の概観分析を行いなさい。

(解答記入欄)

52

# 第8考
# 「収益性分析」とは何かを考える
## ―経営分析の第3段階①―

　経営分析の第3段階は、分析目的（収益性・活動性・安全性・成長性）別に分析値の測定を行い、最終的に各指標の測定結果を企業別に記入するとともに、ポイント係数を計算した経営分析表を完成させます。

　経営分析の第3段階における収益性の分析は、企業の儲かり程度、つまり利益稼得（獲得）能力があるかどうかを判断します。収益性の分析では、通常、単純に利益額の大小のみで良否・適否の判断を行なわず、利益獲得にあたり、投下（使用）した資本が少なければ少ないほど収益性は高くなります。ここでの分析指標は「資本利益率」を使用します。また、最小の犠牲（コスト）で最大の成果（売上高）をあげると純成果である利益は最大になり収益性は高くなります。ここでの分析指標は「売上高利益率」を使用します。

## 8.1 資本利益率とは何かを考えよう

　もし利益が同一であれば、投下された資本（投下資本）が少ない企業と多い企業では、投下資本が少ない企業の方を収益性は高いと判断できます。ここでは、利益を資本で割って求める資本利益率を使って収益性の良否を判断します。

$$資本利益率 = \frac{利益}{資本} \times 100 \ (\%)$$

なお、分母の資本には、通常、期首資本と期末資本の平均を求めた「平均資本有高」〔（期首資本＋期末資本）÷2）〕を使用しますが、本書では計算が簡単な「期末資本」を用いて計算します。

**問8-1** 利益が500円、期末資本が2,500円のときの資本利益率を求めなさい。

（解答記入欄）

## 8.2 売上高利益率とは何かを考えよう

利益（純成果）は収益（成果）と費用（犠牲）との取引差額として計算されるので、成果（売上高）に含まれる純成果（利益）が多ければ、コスト（費用）は少ないことになり、収益性が高いと判断できます。ここでは、利益を売上高で割って求める売上高利益率を使って収益性を分析します。

$$売上高利益率 = \frac{利益}{売上高} \times 100 \, (\%)$$

**問8-2** 売上高が5,000円で利益が500円のときの売上高利益率を求めなさい。

（解答記入欄）

## 8.3 その他の収益性の分析とは何かを考えよう

その他の収益性の分析には、少ない犠牲（費用）で最大の成果（売上高）をあげているかをみる「費用対収益貢献度倍率」（売上高を費用で割って倍数を求める方法）を求める方法です。この分析は、いわゆる生産性分析の代わりとなるものです。

# 第9考
# 「資本利益率」の分析の計算方法を考える
―経営分析の第3段階②―

収益性の分析の資本利益率は、当期に稼得した利益を当期に投下(使用)した資本を割って求めます。分母の投下した資本には通常「平均資本有高」[(期首資本＋期末資本)÷2]を使用しますが、本書では、簡単な「期末資本」を使用します。資本利益率の分析ではこの比率が高ければ高いほど収益性が高いと判断します。

$$資本利益率 = \frac{利益}{期末資本} \times 100（\%）$$

資本利益率には、分子の利益に何を使用するか、また分母の期末資本に何を使用するかの組み合わせでいろいろな資本利益率があります。

分母の期末資本に、総資本、経営資本、自己資本、払込資本を使用すればそれぞれ総資本利益率、経営資本利益率、自己資本利益率、払込資本利益率となります。また、分子の利益に、売上総利益、営業利益、経常利益、当期純利益を使用すれば、分母に使用する資本の違いにより「○○資本(売上)総利益率」、「○○資本営業利益率」、「○○資本経常利益率」、「○○資本当期利益率」となります。

資本利益率の良否の原因分析は、次の式のように、売上高利益率（第13考）と資本回転率（第13考）の積となっているので、それぞれの良否をみることも必要です。

$$\underset{\text{(資本利益率)}}{\frac{\text{利益}}{\text{資本}}} = \underset{\text{(売上高利益率)}}{\frac{\text{利益}}{\text{売上高}}} \times \underset{\text{(資本回転率)}}{\frac{\text{売上高}}{\text{資本}}}$$

問9-1　資本 1,000 円、売上高 1,250 円、利益 250 円のとき資本利益率を求め、売上高利益率と資本回転率に分解し、その答えを求めなさい。

（解答記入欄）

## 9.1　総資本(総資産)利益率を考えよう

　総資本利益率は、企業の全資本(全資産)を投下してどの程度の利益を稼得したかの割合をいいます。総資本利益率には、分子の利益に売上総利益を使用する①総資本(売上)総利益率、営業利益を使用する②総資本営業利益率、経常利益を使用する③総資本経常利益率、当期純利益を使用する④総資本当期純利益率などがあります。いずれも高い値ほど対する総資本に対する収益性が高いと判断します。

　なお、総資本売上総利益率とそれ以外のすべての指標の算定式の下にM社の「要約財務諸表分解表」の資料を用いて実際に計算しています。

① 　総資本(売上)総利益率

　この資本利益率は、売上総利益を総資本または総資産で割ってその割合を求めるものです。この利益率が高いほど、製造活動や仕入活動が効率よく行われ、さらに販売活動や一般管理活動をスムーズに進めることができます。

$$\text{総資本売上総利益率} = \frac{\text{売上総利益}}{\text{期末総資本}} \times 100\ (\%)$$

M社 前期 $\dfrac{52{,}162}{57{,}879} \times 100 = 90.12\%$　　M社 今期 $\dfrac{53{,}267}{56{,}790} \times 100 = 93.80\%$

　分子の売上総利益は、基本的には商製品の売価を決定するために商品仕入原価や製品製造原価に加算した利益額(値入額、粗利益)といえます。したがって、売上総利益は、売上原価をカバーするのみならず、営業費用(販売費及び一般管理費)をカバーして、その余剰(つまり営業利益)が生まれる金額でなければなりません。

### ②　総資本営業利益率

　この資本利益率は、営業利益を期末総資本(総資産)で割って、その割合を求めるものです。この利益率が高いほど、営業活動(本業)での収益性が高く、営業活動が効率よく働いていることになります。したがって、この利益率は、本業の収益性の良否を判断します。

$$総資本営業利益率 = \dfrac{営業利益}{期末総資本} \times 100 \ (\%)$$

M社 前期 $\dfrac{2{,}347}{57{,}879} \times 100 = 4.06\%$　　M社 今期 $\dfrac{2{,}145}{56{,}790} \times 100 = 3.78\%$

### ③　総資本事業利益率

　この資本利益率は、事業利益を期末総資本(総資産)で割って、その割合を求めるものです。この利益率が高いほど、事業活動での収益性が高く、事業活動が効率よく働いていることになります。したがって、この利益率は、事業活動での収益性の良否を判断します。

　なお、事業利益は経常的な営業活動(本業)と主たる営業活動以外での財務収益活動から得られた利益のことです。

$$事業利益 = 営業利益 + 金融収益$$

$$総資本営業利益率 = \dfrac{事業利益}{期末総資本} \times 100 \ (\%)$$

M社 前期 $\dfrac{2{,}389}{57{,}879} \times 100 = 4.13\%$　　M社 今期 $\dfrac{2{,}182}{56{,}790} \times 100 = 3.84\%$

### ④　総資本経常利益率

　この資本利益率は、経常利益を期末総資本(総資産)で割って、その割合を求めるものです。この利益率が高いほど、当期の経常的活動(本業活動以外に金

融収益や金融費用などの財務活動による経常的損益を含めたもの)での経常的収益性が高いことを表しています。したがって、この利益率は、経常的収益性の良否を判断します。

$$総資本経常利益率 = \frac{経常利益}{期末総資本} \times 100 \,(\%)$$

M社 前期 $\frac{2,352}{57,879} \times 100 = 4.06\%$    M社 今期 $\frac{2,194}{56,790} \times 100 = 3.86\%$

⑤ 総資本当期純利益率

この資本利益率は、当期純利益を期末総資本(総資産)で割って、その割合を求めるものです。この利益率が高いほど、当期の臨時的・特別活動を含む全活動的収益性が高いことを表しています。したがって、この利益率は、当期全活動収益性の良否を判断します。

$$総資本当期純利益率 = \frac{当期純利益}{期末総資本} \times 100 \,(\%)$$

M社 前期 $\frac{690}{57,879} \times 100 = 1.19\%$    M社 今期 $\frac{645}{56,790} \times 100 = 1.14\%$

## 9.2 経営資本利益率を考えよう

経営資本利益率は、経営資本営業利益率ともいわれ、営業利益を経営資本で割った割合のことです。分母の経営資本は、本業(営業活動)で実際に使用する資本のことで、総資産から経営外資産(建設途中の「建設仮勘定」、投資その他の資産、繰延資産の合計)を控除したものです。分子の利益には、本業で使用した資本(経営資本)を運用することで稼得した営業利益を使用することになります。

この比率は、総資本営業利益率をより厳密にしたもので、この値が高いほど経営資本に対する収益性が高いと判断します。

$$経営資本利益率 = \frac{営業利益}{期末経営資本} \times 100 \,(\%)$$

M社 前期 $\frac{2,347}{41,791} \times 100 = 5.62\%$    M社 今期 $\frac{2,145}{41,172} \times 100 = 5.21\%$

## 9.3 自己資本利益率を考えよう

　自己資本利益率は、株主の立場から収益性の良否を判断するのに重要で、株主が投資した資本（自己資本）に対してどの程度の利益を稼得しているかの割合をいいます。自己資本利益率には、分子の利益に経常利益を使用する①売上高経常利益率、当期純利益を使用する②売上高当期純利益率などがあります。いずれも高い値ほど自己資本に対する収益性が高いと判断します。

### ① 自己資本経常利益率

　この資本利益率は、経常利益を自己資本で割って、その割合を求めるものです。この利益率が高いほど、自己資本に対する経常的な活動による収益性が高いことになります。

$$\text{自己資本経常利益率} = \frac{\text{経常利益}}{\text{期末自己資本}} \times 100\,(\%)$$

M社 前期　$\dfrac{2,352}{33,520} \times 100 = 7.02\%$　　　M社 今期　$\dfrac{2,194}{33,686} \times 100 = 6.51\%$

### ② 自己資本当期純利益率

　この資本利益率は、当期純利益を期末自己資本で割って、その割合を求めるものです。

　分子の当期純利益は、売上高からすべての費用を差し引いた最終的な利益のことで、自己資本に対する報酬を表しています。この利益率が高いほど、株主に対する配当能力が高く、さらに企業内の留保資本（稼得資本）として将来の増資や各種リスクを補てんするための原資に回すことができることを意味しています。

$$\text{自己資本当期純利益率} = \frac{\text{当期純利益}}{\text{期末自己資本}} \times 100\,(\%)$$

M社 今期　$\dfrac{690}{33,519} \times 100 = 2.06\%$　　　M社 前期　$\dfrac{645}{33,686} \times 100 = 1.91\%$

## 9.4 払込資本利益率を考えよう

払込資本利益率は、株主の立場から自己資本利益率とともに収益性の良否を判断するもので、株主が実際に払込した資本(払込資本)に対してどの程度の利益を稼得しているかの割合をいいます。分子の利益には当期純利益を使用します。この比率は、高ければ高い値ほど払込資本に対する収益性が高いと判断します。

$$払込資本当期純利益率 = \frac{当期純利益}{期末払込資本} \times 100 \, (\%)$$

M社 前期 $\frac{690}{13,605} \times 100 = 5.07\%$   M社 今期 $\frac{645}{13,605} \times 100 = 4.74\%$

# 第10考
## 「売上高利益率」の分析の計算方法を考える
― 経営分析の第3段階③ ―

　収益性の分析の売上高利益率は、利益を売上高で割ることで、その割合を求めることです。売上高を一定とすれば利益が多ければ多いほどこの利益率は高くなり、収益性は大となります。

　また、利益は、収益（売上高）から費用を控除して求められるので、費用が少なければ大きな利益を、費用が多ければ利益が少なくなるという関係があります。したがって、売上高利益率の良否は、売上高費用率の高低と直接関係することになります。

$$売上高利益率 = \frac{利益}{売上高} \times 100（\%）$$

$$売上高費用率 = \frac{費用}{売上高} \times 100（\%）$$

$$売上高費用率 = 1 - 売上高利益率$$

問10-1　売上高 10,000 円、費用 8,000 円のときの売上高利益率と売上高費用率を求め、さらに売上高利益率と売上高費用率の関係を明らかにしなさい。

（解答記入欄）

## 10.1 売上高利益率を考えよう

売上高利益率には、売上高利益率の分子に、売上総利益を用いる①売上総利益率、営業利益を用いる②営業利益率、経常利益を用いる③経常利益率、当期純利益を用いる④売上高当期純利益率などがあります。

$$売上高利益率 = \frac{利益}{売上高} \times 100 \, (\%)$$

（利益：売上総利益、営業利益、事業利益、経常利益、当期純利益など）

### ① 売上総利益率

この利益率は、売上高売上総利益率、売上高総益率ともいわれ、売上総利益を売上高で割って求めます。

売上総利益は、粗利益ともいわれるように、仕入原価や製造原価に加算する値入額（マージン額）で、営業活動（販売活動や一般管理活動）の諸経費を賄ったうえで、株主への配当金や企業の維持・拡大成長、将来のいろいろなリスクなどを見込んだものと考えられます。

してがって、売上総利益の大小が企業の将来を左右することから、売上総利益率は高ければ高いほど収益性が高くなります。

$$売上総利益率 = \frac{売上総利益}{売上高} \times 100 \, (\%)$$

M社 前期 $\frac{52,162}{78,939} \times 100 = 66.08\%$    M社 今期 $\frac{53,267}{81,104} \times 100 = 65.68\%$

売上高売上総利益率の良否は、次式のように売上原価率との大小で影響をうけます。売上原価が多い（売上原価率が高くなる）と売上総利益は少なく（売上総利益率は低くなる）という関係があります。

$$売上総利益率 = \frac{売上高 - 売上原価}{売上高} \times 100 \, (\%)$$

$$売上総利益率 = 1 - \frac{売上原価}{売上高}$$

$$売上原価率 = \frac{売上原価}{売上高} \times 100 \, (\%)$$

M社 前期 $\frac{26,777}{78,939} \times 100 = 33.92\%$    M社 今期 $\frac{27,836}{81,104} \times 100 = 34.32\%$

## ② 営業利益率

　この利益率は、売上高営業利益率ともいわれ、営業利益を売上高で割って求めます。営業利益は、売上高から本業の営業活動で必要な営業費用(売上原価と販売費及び一般管理費)を控除して求めた差額のことで、「本業の利益」といわれます。

$$営業利益率 = \frac{営業利益}{売上高} \times 100 (\%)$$

M社 前期　$\frac{2,347}{78,939} \times 100 = 2.97\%$　　M社 今期　$\frac{2,145}{81,104} \times 100 = 2.64\%$

　営業利益率は、次式のように売上総利益率から販売費及び一般管理費率を控除して求められます。したがって、営業利益率の良否は、その原因分析として売上総利益と販売費及び一般管理費の大小により影響を受けることになります。

$$営業利益率 = \frac{売上総利益 - 販売費及び一般管理費}{売上高} \times 100 (\%)$$

$$\frac{販売費及び}{一般管理費率} = \frac{販売費及び一般管理費}{売上高} \times 100 (\%)$$

M社 前期　$\frac{49,815}{78,939} \times 100 = 63.11\%$　　M社 今期　$\frac{51,121}{81,104} \times 100 = 63.03\%$

　さらに、販売費及び一般管理費率の主たる構成要素である「広告宣伝費率」、「人件費率」、「減価償却費率」「研究開発費率」などを計算することで、より詳細な営業利益率の良否の原因分析が可能になります。

$$広告宣伝費率 = \frac{広告宣伝費}{売上高} \times 100 (\%)$$

M社 前期　$\frac{0}{78,939} \times 100 = -\%$　　M社 今期　$\frac{0}{81,104} \times 100 = -\%$

$$人件費率 = \frac{人件費}{売上高} \times 100 (\%)$$

M社 前期　$\frac{23,184}{78,939} \times 100 = 29.37\%$　　M社 今期　$\frac{24,617}{81,104} \times 100 = 30.35\%$

$$減価償却費率 = \frac{減価償却費}{売上高} \times 100 (\%)$$

M社 前期　$\frac{3,084}{78,939} \times 100 = 3.91\%$　　M社 今期　$\frac{2,642}{81,104} \times 100\% = 3.26\%$

$$研究開発費率 = \frac{研究開発費}{売上高} \times 100 (\%)$$

M社 前期　$\frac{5}{78,939} \times 100 = 0.01\%$　　M社 今期　$\frac{5}{81,104} \times 100 = 0.01\%$

### ③ 事業利益率

この利益率は、売上高事業利益率ともいわれ、事業利益を売上高で割って求めます。事業利益は、当期の主たる営業活動と金融収益のような財務政策的な収益活動を考慮した事業成績をみることができます。

**事業利益＝営業利益＋金融収益**

$$事業利益率 = \frac{事業利益}{売上高} \times 100 \, (\%)$$

M社 前期 $\dfrac{2,389}{78,939} \times 100 = 3.03\%$  M社 今期 $\dfrac{2,182}{81,104} \times 100 = 2.69\%$

### ④ 経常利益率

この利益率は、売上高経常利益率ともいわれ、経常利益を売上高で割って求めます。経常利益は、当期の経営成績をみることができるもので、それには本業の利益である営業利益に、財務活動のように本業以外の経常的活動で発生する営業外損益を加減することで求められます。

$$経常利益率 = \frac{経常利益}{売上高} \times 100 \, (\%)$$

M社 前期 $\dfrac{2,352}{78,939} \times 100 = 2.98\%$  M社 今期 $\dfrac{2,194}{81,104} \times 100 = 2.71\%$

経常利益率は、次式のように営業利益率に営業外収益率を加算し、営業外費用率を控除して求められます。したがって、営業利益率の良否は、その原因分析として営業外損益の大小により影響を受けることになります。

$$経常利益率 = \frac{営業利益＋営業外収益－営業外費用}{売上高} \times 100 \, (\%)$$

$$営業外収益率 = \frac{営業外収益}{売上高} \times 100 \, (\%)$$

M社 前期 $\dfrac{460}{78,939} \times 100 = 0.58\%$  M社 今期 $\dfrac{500}{81,104} \times 100 = 0.62\%$

$$営業外費用率 = \frac{営業外費用}{売上高} \times 100 \, (\%)$$

M社 前期 $\dfrac{455}{78,939} \times 100 = 0.58\%$  M社 今期 $\dfrac{451}{81,104} \times 100 = 0.56\%$

さらに、経常利益率の良否は営業損益の主たる構成要素で、財務活動から発生する金融収益と金融費用からなる「金融収益率」、「金融費用率」、「純金融費用率」などを計算することで、より詳細な原因分析が可能になります。

$$\text{金融収益率} = \frac{\text{金融収益}}{\text{売上高}} \times 100 \, (\%)$$

M社前期 $\frac{42}{78,939} \times 100 = 0.05\%$　　M社今期 $\frac{37}{81,104} \times 100 = 0.05\%$

$$\text{金融費用率} = \frac{\text{金融費用}}{\text{売上高}} \times 100 \, (\%)$$

M社前期 $\frac{194}{78,939} \times 100 = 0.25\%$　　M社今期 $\frac{153}{81,104} \times 100 = 0.19\%$

$$\text{純金融費用率} = \frac{\text{金融費用} - \text{金融収益}}{\text{売上高}} \times 100 \, (\%)$$

M社前期 $\frac{152}{78,939} \times 100 = 0.19\%$　　M社今期 $\frac{116}{81,104} \times 100 = 0.14\%$

⑤ 当期純利益率

　この率は、売上高当期純利益率ともいわれ、当期純利益を売上高で割って求めます。当期純利益は、収益(売上高)からすべての費用を差し引いた最終利益であり、経常利益に特別損益に加減して、さらに社会貢献(社会的責任)としての法人税等を控除したもので、株主への配当や将来のリスクに備え内部留保となる原資となります。

$$\text{当期純利益率} = \frac{\text{当期純利益}}{\text{売上高}} \times 100 \, (\%)$$

M社前期 $\frac{690}{78,939} \times 100 = 0.87\%$　　M社今期 $\frac{645}{81,104} \times 100 = 0.80\%$

　当期純利益率は、次式のように経常利益率に特別利益率を加算し、特別損失率を控除して求め、さらに法人税等率を控除して求められます。したがって、当期純利益率の良否は、その原因分析として特別損益と法人税等の大小により影響を受けることになります。

$$\text{当期純利益率} = \frac{\text{経常利益} + \text{特別利益} - \text{特別損失} - \text{法人税等率}}{\text{売上高}} \times 100 \, (\%)$$

$$\text{特別利益率} = \frac{\text{特別利益}}{\text{売上高}} \times 100 \, (\%)$$

M社前期 $\frac{131}{78,939} \times 100 = 0.17\%$　　M社今期 $\frac{52}{81,104} \times 100 = 0.06\%$

$$\text{特別損失率} = \frac{\text{特別損失}}{\text{売上高}} \times 100 \, (\%)$$

M社前期 $\frac{673}{78,939} \times 100 = 0.85\%$　　M社今期 $\frac{611}{81,104} \times 100 = 0.75\%$

$$\text{法人税等率} = \frac{\text{法人税等}}{\text{売上高}} \times 100\,(\%)$$

M社 前期  $\dfrac{1,120}{78,939} \times 100 = 1.42\%$    M社 今期  $\dfrac{988}{81,104} \times 100 = 1.22\%$

# 第11考
# 「費用対収益貢献度倍率」の計算方法を考える
―経営分析の第3段階④―

　「費用対収益貢献度倍率」は、最小の犠牲(費用)で最大の効果(収益)をあげているかどうか、つまり費用の節約度をみるものです。費用対収益貢献度倍率は、売上高を費用で除して倍数（費用1円当たりの売上高）を求め、この倍率が高ければ高いほど収益性が高いことになります。なお、費用対収益貢献度倍率は、生産性分析の代用としての働きをもっています。

$$費用対収益貢献度倍率 = \frac{売上高}{費用}（倍）$$

**問11－1** 売上高¥10,000、費用¥8,000のとき、費用対収益貢献度倍率を求めなさい。

（解答記入欄）

## 11.1 費用対収益貢献度倍率を考えよう

　分母の費用に、売上原価、販売費及び一般管理費、販売費及び一般管理費の主要構成要素である広告宣伝費、人件費、賃借料、減価償却費などを用いることにより、①売上原価貢献度、②販売費及び一般管理費貢献度、③広告宣伝費貢献度、④人件費貢献度、⑤減価償却費貢献度などがあります。

### ① 売上原価貢献度倍率

　売上原価貢献度倍率とは、売上高を売上原価で割って倍数（売上原価1円当たりの売上高）を求め、売上高に対する売上原価の貢献度をみます。この貢献

度倍率は高ければ高いほど、仕入原価や製造原価が節約されて、高い収益性を示していることになります。

$$売上原価貢献度倍率 = \frac{売上高}{売上原価} （倍）$$

M社 前期 $\frac{78,939}{26,777} = 2.95$（倍）　　M社 今期 $\frac{81,104}{27,836} = 2.91$（倍）

② 販売費及び一般管理費貢献度倍率

　販売費及び一般管理費貢献度倍率とは、売上高を販売費及び一般管理費で割って倍数（販売費及び一般管理費1円当たりの売上高）を求め、売上高に対する販売費及び一般管理費の貢献度をみます。この貢献度は高ければ高いほど、販売活動や一般管理活動に対する経費が節約されて、高い収益性を示していることになります。

$$\frac{販売費及び一般管理費}{貢献度倍率} = \frac{売上高}{販売費及び一般管理費} （倍）$$

M社 前期 $\frac{78,939}{49,815} = 1.58$（倍）　　M社 今期 $\frac{81,104}{51,121} = 1.59$（倍）

③ 広告宣伝費貢献度倍率、人件費貢献度倍率、減価償却費貢献度倍率、試験研究費貢献度倍率

　これらの貢献度倍率は、販売費及び一般管理費の主要構成項目である広告宣伝費、人件費、減価償却費、試験開発費などに細分して倍率をみていきます。

$$広告宣伝費貢献度倍率 = \frac{売上高}{広告宣伝費} （倍）$$

M社 前期 $\frac{78,939}{0} =$ 算定不能　　M社 今期 $\frac{81,104}{0} =$ 算定不能

$$人件費費貢献度倍率 = \frac{売上高}{人件費} （倍）$$

M社 前期 $\frac{78,939}{23,184} = 3.40$（倍）　　M社 今期 $\frac{81,104}{24,617} = 3.29$（倍）

$$減価償却費貢献度倍率 = \frac{売上高}{減価償却費} （倍）$$

M社 前期 $\frac{78,939}{3,084} = 25.60$（倍）　　M社 今期 $\frac{81,104}{2,642} = 30.70$（倍）

$$試験開発費貢献度倍率 = \frac{売上高}{試験開発費} （倍）$$

M社 前期 $\frac{78,939}{5} = 15787.80$（倍）　　M社 今期 $\frac{81,104}{5} = 16220.80$（倍）

# 第12考
# 「活動性分析」とは何かを考える
―経営分析の第3段階⑤―

　企業は、投下資本として投下された現金などの資産を運用することで売上高としてより大きな現金などの資産として投下資本の回収することを何度も繰り返しています。したがって、少ない資本でも繰り返し利用することで大きな収益（売上高）をあげることができるのです。

　活動性の分析では、資本回転率の指標を使用して「資本の投下と回収」の繰返回数の大小で投下資本の効率（利用度）の良否や適否を判断することです。したがって、資本回転率の回数が多いほど資本が効率よく運用されて、活動性を高め、結果として収益性を高めることになります。

## 12.1　資本回転率（広義）とは何かを考えよう

　資本回転率（広義）は、売上高を資本有高で割って、年間の回転数を求めます。なお、分母の資本には厳密には平均資本有高[（期首資本＋期末資本）÷2]を用いて計算しますが、本書では計算が簡単な期末資本有高を用いています。

$$資本回転率 = \frac{売上高}{期末資本有高} \quad （回）$$

　活動性の分析である資本回転率は、売上高利益率とともに資本利益率の良否に関係しています。それは次のように資本利益率が売上高利益率と資本回転率に分解されることからです。

$$\underset{\text{(資本利益率)}}{\frac{利益}{資本}} = \underset{\text{(売上高利益率)}}{\frac{利益}{売上高}} \times \underset{\text{(資本回転率)}}{\frac{売上高}{資本}}$$

なお資本回転率は、資本調達源泉(貸借対照表の貸方)から見た「資本回転率」と資本の運用形態(貸借対照表の借方)から見た「資産回転率」に分けられます。

資本回転率（広義）
- 資本の調達源泉から見た資本効率の分析　…資本回転率の分析
- 資本の運用形態から見た資本効率の分析　…資産回転率の分析

**問 12-1** 資本 1,000 円、売上高 1,250 円、利益 250 円のとき、資本回転率を求めなさい。また資本利益率と売上高利益率との関係を明らかにしなさい。

（解答記入欄）

## 12.2 資本回転期間とは何かを考えよう

　資本回転率は年間の回転数を求めますが、その逆数である期末資本有高を売上高で割って 1 回転するのに要した期間（これを回転期間といいます）を求めることもできます。回転期間は短いほど資本の利用度(効率)が高くなり活動性や収益性も高くなります。この資本回転期間は、通常、調達源泉としての資本回転期間ではなく、資本の運用形態である資産回転期間のことをいいます。

　この資本回転期間は「年数」で求められ、回転月数を求めるときには年数を 12 倍して、また回転日数を求めるときには、年数を 365 倍することになります。または分母の売上高を 12 月で割った「1 月当たり売上高」を用いると回転月数を、365 日で割った「1 日当たり売上高」を用いると回転日数が直接求めることもできます。

$$\text{資本回転期間(年数)} = \frac{\text{期末資本有高}}{\text{売上高}} \quad (年)$$

$$\text{資本回転期間(月数)} = \frac{\text{期末資本有高}}{\text{売上高} \div 12 (月)} \quad (月)$$

$$〃 = \text{資本回転年数} \div 12 \quad (月)$$

$$\text{資本回転期間(日数)} = \frac{\text{期末資本有高}}{\text{売上高} \div 365 (日)} \quad (日)$$

$$〃 = \text{資本回転年数} \div 365 \quad (日)$$

**問12-2** 資本1,000円、売上高1,250円のとき、資本回転期間(①年数、②月数、③日数)を求めなさい。

（解答記入欄）

# 第13考

# 「資本回転率」(狭義)とその計算方法を考える
―経営分析の第3段階⑥―

　資本回転率は、調達源泉から見た資本効率(利用度)の分析で、売上高を期末資本有高で割ってその回数を求める方法です。資本回転率は、回数が多いほど、資本効率が高く、収益性に対する貢献度が高いことを示しています。

## 13.1　資本回転率(狭義)を考えよう

　資本回転率(狭義)は、単に資本回転率といい、売上高を期末資本有高で割って回数を計算します。資本回転率の計算で、分母の資本に総資本、経営資本、、長期資本、自己資本などを使うことにより、①総資本回転率、②経営資本回転率、③長期資本回転率、④自己資本回転率などがあります。いずれも回数が多いほど、資本効率が良好で、収益性も高いことになります。

$$資本回転率(狭義) = \frac{売上高}{期末資本有高} \quad (回)$$

（総資本、経営資本、長期資本、自己資本、払込資本など）

### ①　総資本回転率

　この回転率は、売上高を期末総資本有高で割って回数を求めます。この回転率は、高ければ高いほど、企業の全資本(総資本)の効率または利用度が高いことを示し、売上高利益率が一定とすれば総資本利益率は高くなります。

$$総資本回転率 = \frac{売上高}{期末総資本有高} \quad (回)$$

M社　前期　$\frac{78,939}{57,879} = 1.36$（回）　　M社　今期　$\frac{81,104}{56,790} = 1.43$（回）

② 経営資本回転率

この回転率は、売上高を期末経営資本有高で割って回数を求めます。この回転率は、高ければ高いほど、企業の主たる営業活動で使用する資本（経営資本）の効率または利用度が高いことを示し、売上高利益率が一定とすれば経営資本利益率は高くなります。

なお、分母の経営資本は、すでに明らかにしているように総資産合計から経営外資産（建設仮勘定、投資その他の資産、繰延資産の合計額）を差し引いた金額です。

**経営資本＝総資産－（建設仮勘定＋投資その他の資産＋繰延資産）**

$$経営資本回転率 = \frac{売上高}{期末経営資本有高}（回）$$

M社 前期 $\frac{78,939}{41,791} = 1.89$（回）　　M社 今期 $\frac{81,104}{41,172} = 1.97$（回）

③ 長期資本回転率

この回転率は、売上高を期末長期資本有高で割って回数を求めます。この回転率は、高ければ高いほど、長期資本の効率または利用度が高いことを示し、売上高利益率が一定とすれば長期資本利益率は高くなります。

なお、分母の長期資本は、自己資本に固定負債を加えたものです。

**長期資本＝自己資本（株主資本＋その他包括利益累計額）＋固定負債**

$$長期資本回転率 = \frac{売上高}{期末長期資本有高}（回）$$

M社 前期 $\frac{78,939}{46,806} = 1.69$（回）　　M社 今期 $\frac{81,104}{45,129} = 1.80$（回）

④ 自己資本回転率

この回転率は、売上高を期末自己資本有高で割って回数を求めます。この回転率は、高ければ高いほど、株主が投資している自己資本の効率または利用度が高いことを示し、売上高利益率が一定とすれば自己資本利益率は高くなります。

なお、分母の自己資本は、単に純資産合計を指すこともありますが、本書では株主資本合計にその他包括利益累計額を加算した金額です。

**自己資本＝株主資本＋その他包括利益累計額**

$$\text{自己資本回転率} = \frac{\text{売上高}}{\text{期末自己資本有高}} \quad (回)$$

M社 前期 $\frac{78,939}{33,520} = 2.36$ (回)　　M社 今期 $\frac{81,104}{33,686} = 2.41$ (回)

### ⑤ 払込資本回転率

　この回転率は、売上高を期末払込資本有高で割って回数を求めます。この回転率は、高ければ高いほど、株主が投資している払込資本の効率または利用度が高いことを示し、売上高利益率が一定とすれば払込資本利益率は高くなります。なお、分母の払込資本は、資本金と資本剰余金(自己資本はマイナス)の合計です。

$$\text{払込資本} = \text{資本金} + \text{資本剰余金} - \text{自己資本}$$

$$\text{払込資本回転率} = \frac{\text{売上高}}{\text{期末払込資本有高}} \quad (回)$$

M社 前期 $\frac{78,939}{13,605} = 5.80$ (回)　　M社 今期 $\frac{81,104}{13,605} = 5.96$ (回)

# 第14考
# 「資産回転率」とその計算方法を考える
―経営分析の第3段階⑦―

　資産回転率は、資本の運用形態から見た資産効率(利用度)の分析で、売上高を期末資産有高で割ってその回数を求める方法です。資産回転率は、回数が多いほど、資産効率が高く、収益性に対する貢献度が高いことを示しています。

## 14.1　資産回転率を考えよう

　資産回転率は、売上高を期末資産有高で割って回数を計算します。資産回転率の計算で、分母の資産にいろいろな資産を使用できますが、主なものとしては、現金性資産を使う①現金性資産回転率、売上債権を使う②売上債権回転率、棚卸資産を使う③棚卸資産回転率、固定資産を使う④固定資産回転率、固定資産の中の設備資産を中心とした⑤有形固定資産回転率などがあります。いずれも回数が多いほど、資産を何度も使用していることから、その資産効率が高く、結果として収益性も高いことになります。なお、資産ではないのですが、売上債権回転率と対比するために仕入債務を使う仕入債務回転率も、ここで取り上げることにします。

　また、固定資産を除いた資産の資産回転期間を計算することで、資産回転率の良否を利用期間の長短から具体的に判断することができます。

$$資産回転率 = \frac{売上高}{期末資産有高} \quad (回)$$

現金性資産、売上債権、棚卸資産、固定資産、有形固定資産、仕入債務(負債)な

① **現金性資産回転率と現金性資産回転期間**

　この回転率は、売上高を期末現金性資産有高で割って回数を求め、現金性資産による支払効率の良否・適否の判断に使用します。この回転率の回数が多いほど、現金性資産の支払いに無理がないことを表しています。現金性資産は、現金預金と株式市場で必要な時にいつでも換金できる売買目的の有価証券を合わせたものです。

**現金性資産＝現金預金＋（売買目的の）有価証券**

$$\text{現金性資産回転率} = \frac{\text{売上高}}{\text{期末現金性資産有高}} \text{（回）}$$

M社 前期 $\dfrac{78,939}{7,853} = 10.05$（回）　　M社 今期 $\dfrac{81,104}{8,648} = 9.38$（回）

　現金性資産回転期間は、期末現金性資産を売上高（月数を求めるときには売上高を「12」で、日数のときには売上高を「365」で割ります）で割ることで求めることができます。

　この回転期間は現金性資産の滞留期間（現金性資産の受入れから現金性資産による支払いまでの滞留期間）をいい、この期間が短いほど、現金性資産の受入れと支払いが効率よく行われていることを表しています。

$$\text{現金性資産滞留日数} = \frac{\text{期末現金性資産有高}}{\text{売上高} \div 365} \text{（日）}$$

M社 前期 $\dfrac{7,853}{78,939 \div 365} = 36.31$（日）　　M社 今期 $\dfrac{8,648}{81,104 \div 365} = 38.92$（日）

② **売上債権回転率と売上債権回転期間**

　この回転率は、売上高を期末売上債権有高で割って回数を求め、売上債権の受入れと回収の効率によるその良否・適否の判断に使用します。この回転率の回数が多いほど、売上債権を受け入れても、その回収に無理がないことを表しています。逆に、回数が低いと、回収に滞りが生じて不良債権化し、貸し倒れの危険が大きい場合もあります。

　なお、売上債権は、業界により科目の呼称の違いがありますが、主たる営業活動で発生する債権である受取手形と売掛金を合わせたものです。

**売上債権＝受取手形＋売掛金**

$$\text{売上債権回転率} = \frac{\text{売上高}}{\text{期末売上債権有高}} \quad (\text{回})$$

M社 前期 $\dfrac{78,939}{372} = 212.20$（回）　　M社 今期 $\dfrac{81,104}{423} = 191.74$（回）

　売上債権回転期間は、期末売上債権有高を売上高（月数を求めるときには売上高を12月で割って1月当たり売上高を、また日数のときには売上高を365日で割って1日当たり売上高を計算します）で割ることで求めることができます。

　この回転期間は売上債権の回収期間（売上債権の受入れから現金性資産による回収までの期間）をいい、この期間が短いほど、回収速度が速く現金預金への回収が効率よく行われていることを表しています。

$$\text{売上債権回収日数} = \frac{\text{期末売上債権有高}}{\text{売上高} \div 365} \quad (\text{日})$$

M社 前期 $\dfrac{372}{78,939 \div 365} = 1.72$（日）　　M社 今期 $\dfrac{423}{81104 \div 365} = 1.90$（日）

### ③　仕入債務回転率と仕入債務回転期間

　この回転率は、売上原価を期末仕入債務有高で割って回数を求め、仕入債務の受入れと支払いの効率をみるものです。この回転率の回数が多いほど、仕入債務を受け入れても、その支払いに無理がないことを表しています。逆に、回数が少ないと、支払資金としての現金預金などに不足が生じ仕入債務の支払いに滞りが生じて不良債務化していることを示しています。

　この回転率の分子に売上高ではなく売上原価を使用するのは、仕入債務が取得原価で記録していることから引き渡し(売上)の原価である売上原価の方がより正確になるからです。また、分母の仕入債務は、業界により科目の呼称の違いがありますが、主たる営業活動で発生する債務である支払手形と買掛金を合わせたものです。

**仕入債務＝支払手形＋買掛金**

$$\text{仕入債務回転率} = \frac{\text{売上原価}}{\text{期末仕入債務有高}} \quad (\text{回})$$

M社 前期 $\dfrac{26,777}{1,577} = 16.98$（回）　　M社 今期 $\dfrac{27,836}{1,919} = 14.51$（回）

仕入債務回転期間は、期末仕入債務有高を売上原価（月数を求めるときには売上原価を12月で割って「1月当たり売上原価」を、また日数のときには売上原価を365日で割って「1日当たり売上原価」を計算します）で割ることで求めることができます。

この回転期間は仕入債務の支払期間（仕入債務の受入れから現金性資産による支払いまでの期間）をいい、この期間が短いほど、支払速度が速く現金預金からの支払いが滞りなく行われていることを表しています。

$$仕入債務支払日数 = \frac{期末仕入債務有高}{売上原価 \div 365} （日）$$

M社 前期 $\frac{1,577}{26,777 \div 365}$ =21.50（日）　M社 今期 $\frac{1,919}{27,836 \div 365}$ =25.16（日）

### ④ 棚卸資産回転率と棚卸資産回転期間

この回転率は、売上原価を期末棚卸資産有高で割って回数を求め、棚卸資産の受入れから引渡しまでの効率をみて、その良否・適否の判断に使用します。この回転率の回数が多いほど、棚卸資産の引き渡し（販売）がスムーズに行われ、現金預金や売上債権の資産を受け入れていることを表しています。逆に、回数が少ないと、棚卸資産の販売不良による過剰在庫を抱えていることもあります。

この回転率の分子に売上高ではなく売上原価を使用するのは、仕入債務と同様に棚卸資産は原価で記録されており、それに見合う引渡しの原価（売上原価）が明確になっていることからです。

棚卸資産には、業界により異なりますが、商品・製品、原材料、仕掛品・半製品、貯蔵品などがあります。

**棚卸資産＝商品・製品＋原材料＋仕掛品・半製品＋貯蔵品など**

$$棚卸資産回転率 = \frac{売上原価}{期末棚卸資産有高} （回）$$

M社 前期 $\frac{26,777}{2,444}$ =10.96（回）　M社 今期 $\frac{27,836}{2,726}$ =10.21（回）

棚卸資産回転期間は、期末棚卸資産有高を売上原価（月数を求めるときには売上原価を12月で割って「1月当たり売上原価」を、また日数のときには売上原価を365日で割って「1日当たり売上原価」を計算します）で割ることで求めることができます。

この回転期間は棚卸資産の在庫(保有)期間(棚卸資産の受入れから引き渡しまでの平均的な期間)をいい、この期間が短いほど、棚卸資産の販売速度が速く、販売に見合う現金預金や売上債権などの資産も手元に入ってきていることを表しています。

$$棚卸資産在庫日数 = \frac{期末棚卸資産有高}{売上原価 \div 365}（日）$$

M社 前期 $\frac{2,444}{26,777 \div 365} = 33.31$（日） M社 今期 $\frac{2,726}{27,836 \div 365} = 35.74$（日）

⑤ 固定資産回転率

この回転率は、売上高を期末固定資産有高で割って回数を求め、固定資産の設備や投資資金が過剰になっていないかどうか、つまり固定資産効率の良否・適否の判断に使用します。この回転率の回数が多いほど、生産設備などが効率よく稼働していること、さらに現金預金などの余剰資金の投資資金への振り回しが効率よく行われていることを表しています。逆に、回数が少ないと、販売不振などによる固定資産の過剰設備(遊休設備や未稼働資産を含む)や投資資金の過剰状態となっていることもあります。

$$固定資産回転率 = \frac{売上高}{期末固定資産有高}（回）$$

M社 前期 $\frac{78,939}{45,762} = 1.72$（回） M社 今期 $\frac{81,104}{43,638} = 1.86$（回）

⑥ 有形固定資産回転率

この回転率は、売上高を期末有形固定資産有高で割って回数を求め、有形固定資産の設備や投資資金が過剰になっていないかどうか、つまり有形固定資産効率の良否・適否の判断に使用します。この回転率の回数が多いほど、生産設備などが効率よく稼働していることを表しています。逆に、回数が少ないと、販売不振などによる固定資産の過剰設備(遊休設備や未稼働資産を含む)の過剰状態となっていることもあります。

$$有形固定資産回転率 = \frac{売上高}{期末有形固定資産有高}（回）$$

(注)この分母の有形固定資産有高には、建設仮勘定を除いた有形固定資産有高を用いて計算することもあります。

M社 前期 $\frac{78,939}{29,466} = 2.68$（回） M社 今期 $\frac{81,104}{27,875} = 2.91$（回）

# 第15考
# 「安全性分析」とは何かを考える
―経営分析の第3段階⑧―

安全性の分析は、安定性分析または流動性分析ともいわれ、主として、企業の財務構造分析と、そのキャッシュ・フローを中心にした債務支払(返済)能力の大小から安全性の良否・適否を判断するのに役立ちます。

## 15.1 安全性分析を考えよう

安全性分析は、下図のように貸借対照表とキャッシュ・フローとの関係を含む分析であり、期間の長短から短期流動性と長期安全性の分析に分けられます。

短期流動性分析は、流動資産と流動負債との関係などから見た分析です。長期安全性分析は、負債や純資産との関係からみる分析で、それは「資本構成安全性分析」と固定資産とその資金源である純資産や長期資本との関係をみる「固定資産投資安全性分析」に分けられます。

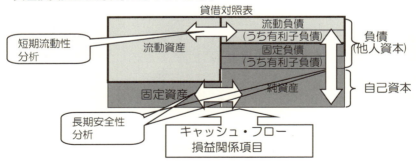

なお、今までの安全性分析は、貸借対照表を中心に見た安全性です。このほかに損益計算書から見た安全性の分析があります。これを特に、「損益関係安全性分析」といいます。これには、有利子負債に対する金利負担能力や将来の安定的収益(利益)獲得能力から安全性を分析するものです。

# 第16考
# 「短期流動性」の分析とその計算方法を考える
## —経営分析の第3段階⑨—

短期流動性分析は、短期資金の調達と運用（流動資産と流動負債）やキャッシュ・フローとの関係から安全性をみるものです。

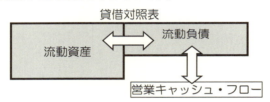

## 16.1 短期流動性分析を考えよう

短期流動性分析は、その安全性の厳密度の違いで、①流動比率、②当座比率、③現金性資産比率などが、またキャッシュ・フローとの関係で④営業キャッシュ・フロー対流動負債倍率があります。

① 流動比率

この比率は、1年以内に返済の必要な流動負債を1年以内に換金できる流動資産で割って、その割合を求めます。この割合は200％以上が安全とされていて、別名「2対1の原則」ともいわれています。

流動負債に対して流動資産が2倍となっている理由は、そのまま支払いに回すことができる当座資産に対して、販売しなければ換金できない棚卸資産が含まれているということからです。

$$流動比率 = \frac{流動資産}{流動負債} \times 100 \, (\%)$$

M社 前期 $\dfrac{12,127}{11,073} \times 100 = 109.52\%$  M社 今期 $\dfrac{13,152}{11,660} \times 100 = 112.80\%$

② 当座比率

　この比率は、1年以内に返済の必要な流動負債を、1年以内に販売しなければ換金できない(換金性が低い)棚卸資産を除いた必要な時にいつでも換金できる当座資産で割って、その割合を求めます。この割合は100％以上が安全とされていて、別名リトマス試験紙のたとえで「酸性試験比率」ともいわれています。

　当座資産は、流動資産のなかで現金預金、売上債権(受取手形と売掛金)、(売買目的の)有価証券を合わせたものです。

**当座資産＝現金預金＋売上債権＋(売買目的の)有価証券**

$$\text{当座比率} = \dfrac{\text{当座資産}}{\text{流動負債}} \times 100\ (\%)$$

M社 前期 $\dfrac{8,225}{11,073} \times 100 = 74.28\%$  M社 今期 $\dfrac{9,071}{11,660} \times 100 = 77.80\%$

③ 現金性資産比率

　この比率は、1年以内に返済が必要な流動負債を、当座資産のなかで取引相手の都合により換金性の影響を受ける売上債権を除いた現金性資産で割って、その割合を求めます。この割合が高いほど、流動負債の返済にいつでも対応できることになり安全性が高いと判断します。

　現金性資産は、いつでも流動負債の返済に充てることができる資産のことで、現金預金、(売買目的の)有価証券を合わせたものです。なお、売買目的の有価証券は、売上債権と異なり必要な時に株式市場でいつでも自由に換金することができ、現金預金のように支払いにあてることができます。

**現金性資産＝現金預金＋(売買目的の)有価証券**

$$\text{現金性資産比率} = \dfrac{\text{現金性資産}}{\text{流動負債}} \times 100\ (\%)$$

M社 前期 $\dfrac{7,853}{11,073} \times 100 = 70.92\%$  M社 今期 $\dfrac{8,648}{11,660} \times 100 = 74.17\%$

④ 売上債権対仕入債務比率

この比率は、1年以内に返済の必要な仕入債務を、当座資産のなかの売上債権で割って、その割合を求めます。いつでも支払うことになる仕入債務はいつでも換金できる売上債権から行うことが望ましいとされ、100％以上が安全とされています。

$$売上債権対仕入債務比率 = \frac{売上債権}{仕入債務} \times 100 (\%)$$

M社 前期 $\frac{372}{1,577} \times 100 = 23.59\%$　　M社 今期 $\frac{423}{1,919} \times 100 = 22.04\%$

⑤ 営業キャッシュ・フロー対流動負債倍率

この比率は、営業キャッシュ・フローを流動負債で割った、その割合を求めます。この比率は、1年以内に返済の必要な流動負債の資金源を、営業活動で獲得した営業キャッシュ・フローで当てたときの余裕額の大きさをみるもので、大きいほどキャッシュ・フローに余裕があり安全性が高いと判断します。

$$\frac{営業キャッシュ・フロー}{対流動負債倍率} = \frac{営業キャッシュ・フロー}{流動負債} (倍)$$

M社 前期 $\frac{6,527}{11,073} = 0.59 (倍)$　　M社 今期 $\frac{5,800}{11,660} = 0.50 (倍)$

# 第17考
# 「資本構成安全性」の分析と
# その計算方法を考える
―経営分析の第3段階⑩―

　資本構成安全性分析は、長期資本安全性をみる一つで、負債や純資産との資本構成とそのキャッシュ・フローとの関係から長期安全性をみるものです。

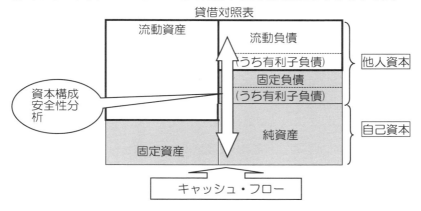

## 17.1　資本構成安全性分析を考えよう

　長期安全性分析は、自己資本から見た安全性指標として①自己資本比率、②稼得資本(利益剰余金)比率、③営業キャッシュ・フロー対自己資本倍率、他人資本から見た安全性指標として④負債比率、⑤有利子負債倍率、⑥営業キャッシュ・フロー対固定負債倍率、⑦営業キャッシュ・フロー対他人資本(負債)倍

率、また総資本から見た安全性指標として⑧営業キャッシュ・フロー対総資本倍率があります。

① **自己資本比率**

この比率は、自己資本を総資本で割って、その割合を求め自己資本の安全性をみています。この割合は 50％以上が安全とされています。

総資本のなかの他人資本（負債）は返済するのに対して自己資本は返済不要です。したがって、この割合が 50％以上であれば、自己資本が他人資本（負債）の担保として満たされるので安全性が高いと判断します。

$$自己資本比率 = \frac{自己資本}{総資本} \times 100（\%）$$

(注) 分子の自己資本の代わりに株主資本をもちいることもあり、このときは株主資本比率といいます。

M社 前期 $\frac{33,519}{57,879} \times 100 = 57.91\%$　　M社 今期 $\frac{33,686}{56,790} \times 100 = 59.32\%$

② **稼得資本（利益剰余金）比率**

この比率は、稼得資本である利益剰余金を自己資本で割って、その割合を求め自己資本の安全性をみるものです。この割合が大きいほど自己資本の安全性が高いと判断します。

稼得資本(利益剰余金)は、払込資本の運用により営業活動から稼得された当期純利益と過去の純利益のうち利益処分されずに内部留保された累計額のことをいい、これは将来のいろいろなリスクにあてることができることから将来の安全性の保障のための基金となります。

$$稼得資本（利益剰余金）比率 = \frac{利益剰余金}{自己資本} \times 100（\%）$$

M社 前期 $\frac{19,946}{33,519} \times 100 = 59.51\%$　　M社 今期 $\frac{20,104}{33,686} \times 100 = 59.68\%$

③ **営業キャッシュ・フロー対自己資本倍率**

この倍率は、営業キャッシュ・フローを自己資本で割って、その倍率を求めます。この倍率は自己資本に対する営業活動での現金創出能力の大きさであり、この倍率が高いほど現金創出能力が高く安全性が高いと判断します。

$$営業キャッシュ・フロー対総資本倍率 = \frac{営業キャッシュ・フロー}{自己資本}（倍）$$

$$\text{M社 前期} \quad \frac{6,527}{33,519} = 0.19 \text{倍} \qquad \text{M社 今期} \quad \frac{5,800}{33,686} = 0.17 \text{倍}$$

④ 負債比率

　この比率は、返済不要な自己資本を返済必要な他人資本（負債）で割って、その倍率を求めます。この割合は100％以上が安全とされています。

　負債比率は、他人資本の安全性をみるもので、100％以上であれば、返済必要な他人資本(負債)に対して返済不要な自己資本を担保できることから安全性が高いと判断するものです。

$$\text{負債比率} = \frac{\text{自己資本}}{\text{他人資本（負債）}} \times 100 \text{（％）}$$

(注)この負債比率は、他人資本(負債)を自己資本で割って求めることもありますが、このときの割合は100％以下が安全とされていますので注意してください。

$$\text{M社 前期} \quad \frac{33,519}{24,360} \times 100 = 137.60\% \qquad \text{M社 今期} \quad \frac{33,686}{23,104} \times 100 = 145.80\%$$

⑤ 有利子負債倍率

　この比率は、返済必要な他人資本（負債）を有利子負債で割って、その割合を求め、他人資本の安全性を判断します。この割合は大きいほど他人資本に含まれる有利子負債が少なく無借金経営に近づき、安全性が高いと判断します。

　有利子負債は、他人資本(負債)のなかで、利息の支払が必要で当期純利益を減少させるほかに、その利息の支払いための資金も元本返済のほかに必要となり、資金繰りを常に考えなければなりません。

　有利子負債には流動負債の中の1年以内に返済(償還)予定の借入金、社債やリース債務など(これを短期有利子負債といいます)と固定負債の中の長期借入金、社債、リース債務など(これを長期有利子負債といいます)があります。

　有利子負債＝短期有利子負債(1年以内(償還)返済予定の借入金、社債、リース債務など)＋長期有利子負債(長期借入金、社債、リース債務など)

$$\text{有利子負債倍率} = \frac{\text{他人資本}}{\text{有利子負債}} \text{（倍）}$$

$$\text{M社 前期} \quad \frac{24,360}{15,823} = 1.54 \text{倍} \qquad \text{M社 今期} \quad \frac{23,104}{13,869} = 1.67 \text{倍}$$

⑥ 営業キャッシュ・フロー対固定負債倍率

この倍率は営業キャッシュ・フローを固定負債で割って、その倍数を求めます。この倍数が高いほど営業活動での現金創出能力を示す営業キャッシュ・フローによる固定負債支払能力が高く、他人資本安全性が高いと判断します。

$$\text{営業キャッシュ・フロー対固定負債倍率} = \frac{\text{営業キャッシュ・フロー}}{\text{固定負債}} \text{(倍)}$$

M社 前期 $\frac{6,527}{13,286} \times 100 = 0.49$ 倍    M社 今期 $\frac{5,800}{11,443} \times 100 = 0.51$ 倍

⑦ 営業キャッシュ・フロー対他人資本(負債)倍率

この倍率は営業キャッシュ・フローを他人資本(負債)で割って、その倍数を求めます。この倍数が高いほど営業活動での現金創出能力を示す営業キャッシュ・フローによる負債全体の支払能力が高く、他人資本安全性が高いと判断します。

$$\text{営業キャッシュ・フロー対他人資本(負債)倍率} = \frac{\text{営業キャッシュ・フロー}}{\text{他人資本(負債)}} \text{(倍)}$$

M社 前期 $\frac{6,527}{24,360} = 0.27$ 倍    M社 前期 $\frac{5,800}{23,104} = 0.25$ 倍

⑧ 営業キャッシュ・フロー対総資本(総資産)倍率

この倍率は営業キャッシュ・フローを総資本(総資産)で割って、その倍数を求めます。この倍数が高ければ高いほど総資本を使っての営業活動での現金創出能力が高く、総資本安全性が高いと判断します。これは、上記の営業キャッシュ・フロー対自己資本倍率や営業キャッシュ・フロー対他人資本(負債)倍率の総合版といえます。

$$\text{営業キャッシュ・フロー対総資本倍率} = \frac{\text{営業キャッシュ・フロー}}{\text{総資本}} \text{(倍)}$$

M社 前期 $\frac{6,527}{57,879} = 0.11$ 倍    M社 今期 $\frac{5,800}{56,790} = 0.10$ 倍

# 第18考
# 「固定資産投資安全性」の分析とその計算方法を考える
―経営分析の第3段階⑪―

　固定投資安全性分析は、固定資産投資にあたっての資本安全性をみるための一つで、長期間利用する固定資産と長期間利用できる負債や純資産の関係とそれに関するキャッシュ・フローとの関係から安全性をみるものです。

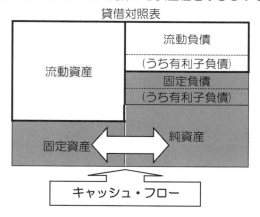

## 18.1　固定資産投資安全性分析を考えよう

　固定資産投資安全性分析には、貸借対照表からみた①固定比率、②長期資本固定比率と、キャッシュ・フローから見た③営業キャッシュ・フロー対投資支出額倍率、④営業キャッシュ・フロー対投資キャッシュ・フロー倍率、⑤フリー・キャッシュ・フロー対営業キャッシュ・フロー倍率などがあります。

① 固定比率

この比率は、返済不要な自己資本で長期間利用する固定資産）で割って、その割合を求め、固定資産投資の安全性を判断します。この割合は100％以上が安全とされています。

固定資産投資の資金源の安全性は、返済の有無で判断します。したがって、返済を要する他人資本（負債）よりも返済不要の自己資本で固定資産投資にあてたることができれば安全であると考えます。

$$固定比率＝\frac{自己資本}{固定資産}×100（\%）$$

(注)この固定比率は、固定資産を自己資本で割って求めることもありますが、このときの割合は100％以下が安全とされていますので注意してください。

M社 前期 $\frac{33,520}{45,762}×100=73.25\%$  M社 今期 $\frac{33,686}{43,638}×100=77.19\%$

② 長期資本固定比率

この比率は、固定長期適合率ともいわれ、長期資本を固定資産で割って、その割合で固定資産投資の安全性を判断します。その割合が100％を超えることが安全とされています。なお、長期資本は自己資本に固定負債を加えたものをいいます。

**長期資本＝自己資本＋固定負債**

長期間利用する固定資産の投資には、長期間利用できる自己資本と同様に、利息を支払ってでも長期間利用できる他人資本（固定負債）で賄うことができれば安全と判断する方法です。なお、長期資本固定費率は、上記の固定比率の補助比率となります。

$$長期資本固定比率＝\frac{長期資本}{固定資産}×100（\%）$$

(注)この長期資本固定比率は、固定資産を長期資本で割って求めることもありますが、このときの割合は100％以下が安全とされていますので注意してください。

M社 前期 $\frac{46,806}{45,762}×100=102.28\%$  M社 今期 $\frac{45,129}{43,638}×100=103.42\%$

③ 営業キャッシュ・フロー対投資活動支出額倍率

この倍率は、営業キャッシュ・フローを投資活動支出額で割って、その倍率を求めます。この倍率は、大きいほど営業活動での現金創出額を示す営業活動

キャッシュ・フローから固定資産投資の資金源として十分賄われていて、固定資産投資の安全性が高いと判断します。

$$\text{営業キャッシュ・フロー対投資活動支出額倍率} = \frac{\text{営業キャッシュ・フロー}}{\text{投資活動支出額}} \text{(倍)}$$

M社　前期　$\frac{6,527}{1,442}$ ＝4.53倍　　M社　今期　$\frac{5,800}{2,139}$ ＝2.71倍

④　営業キャッシュ・フロー対投資キャッシュ・フロー倍率

　この倍率は、営業キャッシュ・フローを投資キャッシュ・フローで割って、その倍率を求めます。投資キャッシュ・フローは投資活動支出額に投資活動収入額を加えた投資活動純支出額です。この倍率は、大きいほど営業活動での現金創出額を示す営業キャッシュ・フローで賄われていて、キャッシュ・フローから見た固定資産の維持・拡大のための固定資産投資の安全性が高いと判断します。

　なお、投資活動支出額より投資活動収入額が多いとき（投資活動キャッシュ・フローがプラスのとき）には、この倍率の計算は分母がマイナスとなり算定不能で除外することになりますが、固定資産に対する投資活動支出額よりも負債の返済などに充てる目的での投資活動収入額がより多く、本来の固定資産投資安全性分析とは関係が薄れてしまうからです。

$$\text{営業キャッシュ・フロー対投資キャッシュ・フロー倍率} = \frac{\text{営業キャッシュ・フロー}}{\text{投資キャッシュ・フロー}(※)} \text{(倍)}$$

M社　前期　$\frac{6,527}{1,082}$ ＝6.03倍　　M社　今期　$\frac{5,800}{1,975}$ ＝2.94倍

（※）分母の投資キャッシュ・フローは、維持・拡大する会社では、通常、投資活動収入額より投資活動支出額が多いため表示上は「マイナス」と表示されますが、ここではマイナス表示を取って計算します。

⑤営業キャッシュ・フロー対フリー・キャッシュ・フロー倍率

　この倍率は、営業キャッシュ・フローをフリー・キャッシュ・フローで割って、その倍率を求めます。この倍率は、フリー・キャッシュ・フローは、営業キャッシュ・フローから投資活動支出額を差し引いたもので、上記の営業キャッシュ・フロー対投資キャッシュ・フロー倍率をより厳格化したものです。この倍率が大きいほど、営業活動キャッシュ・フローに余力があり、次期以降の固定資産投資に回すことができ、安全性が高い判断します。

**フリー・キャッシュ・フロー＝営業キャッシュ・フロー－投資活動支出額**

営業キャッシュ・フロー対フリー・キャッシュ・フロー倍率 ＝ $\dfrac{\text{営業キャッシュ・フロー}}{\text{フリー・キャッシュ・フロー（※）}}$ （倍）

M社 前期 $\dfrac{6,527}{5,085} = 1.28$ 倍

M社 今期 $\dfrac{5,800}{3,661} = 1.58$ 倍

（※）分母のフリー・キャッシュ・フローは「プラス」のときにのみ計算し、「マイナス」のときには算定不能となり、この倍率を除外することになります。

# 第19考
# 「損益関係安全性」の分析とその計算方法を考える
―経営分析の第3段階⑫―

　損益関係安全性の分析は、損益取引からみた安全性の良否・適否を判断するためのものです。これには、金利支払いに関する金利負担能力安全性分析と金利支払い以外の損益に関する損益安全性分析があります。なお、損益関係安全分析は、当然のことから損益に関する項目を扱うことから収益性分析とも関係があります。

## 19.1　金利負担能力安全性分析を考えよう

　金利とは、支払利息などの金融費用のことで、有利子負債に対して定期的に支払われます。その支払財源には安定した利益が必要となります。金利負担能力安全性分析は、金利である金融費用とその支払財源となる利益やキャッシュ・フローとの関係から安全性を分析するもので、金融費用が十分な利益やキャッシュ・フローで賄われているかどうかを判断します。金利負担能力分析には、①金融費用支払倍率と、キャッシュ・フローからみた②営業キャッシュ・フロー対金融費用支払倍率があります。
### ①　金融費用支払倍率
　金融費用支払倍率はインタレスト・ガバレッジ倍率ともいわれ、営業利益に金融収益を合計した事業利益を金融費用で割って、その倍率を求めるものです。この倍率は、高いほど金利負担能力が高く、安全性が高いと判断します。
　　**事業利益＝営業利益＋金融収益**

$$\text{金融費用支払倍率} = \frac{\text{事業利益}}{\text{金融費用}} \text{(倍)}$$

M社 前期 $\frac{2,389}{194} = 12.31$ 倍    M社 今期 $\frac{2,182}{153} = 14.26$ 倍

② 営業キャッシュ・フロー対金融費用支払倍率

営業キャッシュ・フロー対金融費用支払倍率は、営業キャッシュ・フローを金融費用で割って、その倍数を求めるもので、金融費用支払倍率のキャッシュ・フロー版です。営業キャッシュ・フローは営業活動での手許現金化を表しているので、それが大きいほど安全性が高いので、この倍率が高いほど、金融費用支払い(利払い)が容易になり、安全性が高くなります。

$$\text{営業キャッシュ・フロー対金融費用支払倍率} = \frac{\text{営業キャッシュ・フロー}}{\text{金融費用}} \text{(倍)}$$

M社 前期 $\frac{6,527}{194} = 33.64$ 倍    M社 今期 $\frac{5,800}{153} = 37.91$ 倍

## 19.2 損益安全性分析を考えよう

損益安全性とは、金利負担以外の損益項目を使用した安全性のことで、収益と費用との関係での安全性をみる①限界利益倍率と②損益分岐点倍率、キャッシュ・フローとの関係での安全性をみる③キャッシュ・フロー・マージン倍率と④営業利益営業キャッシュ・フロー・マージンなどがあります。

① 限界利益倍率

限界利益倍率は、貢献利益倍率ともいわれ、限界利益または貢献利益を売上高で割った倍率のことです。限界利益倍率は、売上高1円当たりの限界利益のことで、売上高がこれ以上増えても減っても変わらない利益、つまり限界の利益のことです。この倍率は高いほど、将来の安定的利益が確保でき、企業全体の維持・発展ができるという経営的安全性が高いことを示しています。なお、限界利益の求め方には、いろいろありますが、本書では「売上総利益」を用いています。これは、売上高から差し引く変動費は売上原価なので、売上高から変動費である売上原価を差し引いた限界利益は売上総利益と同じものとなりま

す。詳しくは、後述の「損益分岐点倍率の損益分岐点売上高の求め方」を参照してください。

$$限界利益倍率 = \frac{限界利益}{売上高} （倍）$$

（注）この倍率をパーセントで計算するものを限界利益率または貢献利益率といいます。

M社前期 $\frac{52,162}{78,939}$ ＝0.66倍　　M社今期 $\frac{53,267}{81,104}$ ＝0.66倍

② **損益分岐点倍率**

　損益分岐点倍率は、実際売上高を損益分岐点売上高で割って、その倍数を求めます。この倍数が高いほど、損益分岐点売上高よりも実際の売上高が多く計上されていることで、大きな利益がでていることになります。したがって、この倍率が高いほど、将来にわたる企業全体の維持・発展ができるという経営的安全性が高いことを示しています。分母の損益分岐点売上高は、固定費を限界利益倍率で割って求めることができます。

$$損益分岐点倍率 = \frac{実際売上高}{損益分岐点売上高※} （倍）$$

※損益分岐点売上高＝固定費÷限界利益倍率（限界利益÷実際売上高）
　　　　　　　　　＝固定費÷限界利益×実際売上高

（注）この倍率の逆数を損益分岐点比率といい、この場合は、小さいほど安全となりますので注意をしてください。

M社前期 $\frac{78,939}{75,379.62※1}$ ＝1.05倍　　M社今期 $\frac{81,104}{77,761.91※2}$ ＝1.04倍

　※1　49,810÷52,162×78,939＝75,379.62　※2　51,072÷53,267×81,104＝77,761.91

③ **営業キャッシュ・フロー・マージン倍率**

　営業キャッシュ・フロー・マージン倍率は、営業キャッシュ・フローを売上高で割って、その倍率を求めます。この倍率は高ければ高いほど営業が順調で現金創出力が高いことを示し、投資余力があり安全であると判断します。

$$営業キャッシュ・フロー・マージン倍率 = \frac{営業キャッシュ・フロー}{売上高} （倍）$$

M社前期 $\frac{6,527}{78,939}$ ＝0.08倍　　M社今期 $\frac{5,800}{81,104}$ ＝0.07倍

④ **営業キャッシュ・フロー対営業利益倍率**

　営業キャッシュ・フロー対営業利益倍率は、営業キャッシュ・フローを営業利益で割ることで、その倍率を求めます。この倍率が高いほど、営業活動から

の損益としての営業利益に対する営業活動による現金創出力が高いことを示し、安全性が高いことを示しています。

$$\text{営業キャッシュ・フロー対営業利益倍率} = \frac{\text{営業キャッシュ・フロー}}{\text{営業利益}} \text{(倍)}$$

M社 前期 $\frac{6,527}{2,347} = 2.78$ 倍   M社 今期 $\frac{5,800}{2,145} = 2.70$ 倍

参考

＜損益分岐点倍率の損益分岐点売上高の求め方＞

損益分岐点とは、損益分岐点売上高のことで収益と費用が一致して利益がゼロとなる売上高のことで、損益分岐点売上高以上の売上高をあげないと利益がでないことを意味します。損益分岐点売上高より実際の売上高が多ければ多いほど、利益が多くでて収益的安全性が高いことを示しています。ここでの利益は、損益計算書での経常利益のことをいいます。なお、損益分岐点比率は、実際売上高と損益分岐点売上高との開きの程度をみて収益的安全性を判断します。

① 変動費と固定費との分解方法

損益分岐点(売上高)の計算には、まず、費用を変動費と固定費に分解することから始めます。変動費は、売上高の増減に比例して増減する費用で、固定費は売上高の増減に関係なく一定の費用のことです。

変動費と固定費との分解法にはいろいろありますが、損益計算書から変動費と固定費に分解することは、企業内部者ならともかく企業外部者では困難となっています。

そこで、本書では、最も簡単な方法で変動費と固定費に分解をすることにします。損益計算書の売上原価のほとんどが売上高に比例して発生することから「変動費」とし、販売費及び一般管理費のほとんどが売上高の増減に関係しないものが多いことから「固定費」とします。また、営業外収益は固定費からマイナスし、営業外費用は固定費にプラスします。

**変動費＝売上原価(本書では「変動費」としています)**

**固定費＝販売費及び一般管理費－営業外収益＋営業外費用**

M社前期　49,815－460+455＝49,810　　M社今期　51,121－500+451＝51,072

また、変動費を売上高で割って求めた割合を変動費率といい、変動費は変動費率により売上高の増減により増減します。

$$変動費率 = \frac{変動費}{売上高} \times 100 (\%)$$

M社前期　$\frac{26,777}{78,939} \times 100 = 33.92\%$　　M社今期　$\frac{27,836}{81,104} \times 100 = 34.32\%$

**変動費＝売上高×変動費率**

なお、売上高から変動費を差し引いたものを限界利益または貢献利益といい、限界利益または貢献利益を売上高で割ったものを限界利益率または貢献利益率といいます。本書では、「売上原価」を変動費とみなしているので、限界利益は「売上総利益」と同じになります。

**限界利益(または貢献利益)＝売上高－変動費(売上原価)＝売上総利益**

$$\frac{限界利益倍率または}{貢献利益倍率} = \frac{限界利益}{売上高}$$

（注）限界利益倍数に100を乗じて％を求めたものを限界利益率または貢献利益率といいます。

M社前期　$\frac{52,162}{78,939} = 0.66$倍　　M社今期　$\frac{53,267}{81,104} = 0.66$倍

② 損益分岐点売上高の計算

固定費をｆ円とし、変動費率をｒとし、求める損益分岐点売上高ａとすると、損益分岐点売上高は次のように求められます。

**損益分岐点売上高 a＝固定費 f ÷（1－変動費率 r）**

また、売上高から変動費を控除した金額を限界利益(または貢献利益)といい、その限界利益を売上高で割ったものを、限界利益率または限界利益倍率（α）といい、（1－変動費率）と同じになります。

**損益分岐点売上高 a＝固定費 f ÷限界利益率(限界利益倍率)**

M社前期　$\frac{49,810}{0.66\cdots} = 75,469.70$※　　M社今期　$\frac{51,072}{0.66\cdots} = 77,381.82$※

※分母の数値は、前期 52,162（限界利益）÷78,939（売上高）≒0.660788…で、今期は 53,267（限界利益）÷81,104（売上高）≒0.656774…で計算しています。したがって、小数2ケタの0.66（限界利益倍数）だけで打ち切って計算すると異なった数値になります。

## ＜損益分岐点図表の作成＞

変動費と固定費の分解ができると次のような損益分岐点図表を作成することができます。

① 横軸に売上高を記入し、縦軸に費用を記入します。
② 交点から45°線を引き、収益(売上高)線とします。
③ 固定費の金額を、固定費線を引きます。
④ 固定費線の上に変動費を売上高で割って求めた変動費率に沿って変動費率線を引きます。
⑤ 変動費線と収益(売上高)線の交点が損益分岐点で、その分岐点から下におろして横軸の交点が損益分岐点売上高となります。

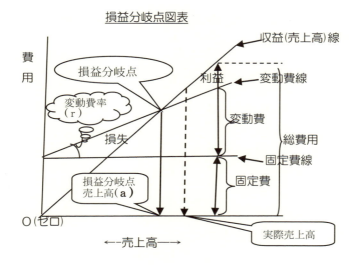

# 第20考
# 「成長性分析」とは何かを考える
―経営分析の第3段階⑬―

　企業が成長すると、売上高取引規模、資産・人的規模（固定資産、従業員など）、資本規模などが増加し、それに伴い利益の増加をもたらします。

　成長性分析には、売上高取引規模の増加割合をみる①「売上高成長率」、固定資産や従業員などの資産や人的規模の増加割合をみる②「資産・人的規模成長率」、資本の規模の増加割合を示す③「資本成長率」、先行投資増加割合を示す④「先行投資成長率」、および利益の増加割合を示す⑤「利益成長性」などがあります。

　これらの成長性分析では、過去の状況と較べ、どの程度増加しているかをみることで将来の成長性を判断することになります。

## 20.1　成長性分析を考えよう

　成長性分析のための指標の計算方法には、前期と今期の数値を利用して分析する短期成長性分析と過去数年間の趨勢をみる長期成長性分析があります。短期成長性分析では前年度との比較する「対前年増加倍率」を使用し、長期成長性分析では一定年度を基準年度として、その後の年度に対する趨勢をみる「趨勢倍率」を使用します。倍率が「1」以上であれば前期または基準年度よりも成長していることになり、一方「1」以下となると成長が鈍化していることになります。

　なお、本書では対前年度増減率を用いたときの成長性分析を行っています。ただし、当期の増加倍率は当期と前期との割合のことで、前期のそれは前期と前々期との割合のことです。

＜短期成長性分析に用いる倍率＞

$$対前年増加倍率 = \frac{今期の金額}{前期の金額} （倍）$$

＜長期成長性分析に用いる倍率＞

$$趨勢倍率 = \frac{各期金額}{基準年度の金額} （倍）$$

**問20-1** 前々期800円、前期1,000円、今期1,500のとき、前期と今期の対前年増加倍率を求めなさい。また前々期を基準とした趨勢倍率も求めなさい。

（解答記入欄）

## 20.2 売上高取引規模成長性分析とその計算方法を考えよう

　売上高取引規模成長性の分析には、その取引規模の増加割合を示す売上高増加倍率があります。この取引規模の成長性を示す売上高増加倍率は、その他の資産・人的規模や利益規模の成長を促すもっとも重要な指標です。

### ① 売上高増加倍率

　売上高増加倍率は、今期売上高を前期売上高で割って、その増加倍率を求めます。この倍率が「1」以上で高いほど前年よりも取引規模(売上高)が増加して成長性があると判断します。

$$売上高増加倍率 = \frac{今期売上高}{前期売上高} （倍）$$

M社 前期 $\frac{78,939}{79,091} = 1.00$ 倍　　M社 今期 $\frac{81,104}{78,939} = 1.03$ 倍

（参考）なお、前々期を固定基準としたM社趨勢倍率はそれぞれ次のようになります。

|  | 前々期 | 前期 | 今期 |
|---|---|---|---|
| 売上高趨勢倍率 | 1.00 | 1.00 | 1.03 |

## 20.3 資産・人的規模成長性分析とその計算方法を考えよう

　資産・資本および人的規模の成長率には、固定資産の増加割合をみる①固定資産増加倍率、固定資産の中の有形固定資産の増加割合をみる②有形固定資産増倍率、キャッシュ・フロー版の投資活動出額の増加割合をみる③投資活動支出増加倍率、人件費の増加割合をみる④人件費増加倍率があります。

　なお、人的規模の成長率には、本来従業員数が使用されますが、パートタイマーや季節労働者など期中変動が大きく、把握を難しいために、その代用として人件費を使用した人件費増加倍率を用いています。

① 　固定資産増加倍率

　固定資産増加倍率は、今期固定資産期末有高を前期固定資産期末有高で割って、その増加倍率を求めます。この倍率が「1」以上で高いほど前年よりも固定資産規模が増加して成長性があると判断します。

$$固定資産増加倍率 = \frac{今期固定資産期末有高}{前期固定資産期末有高} (倍)$$

M社 前期 $\frac{45,762}{49,174} = 0.93$ 倍　　M社 今期 $\frac{43,638}{45,762} = 0.95$ 倍

② 有形固定資産増加倍率

　有形固定資産増加倍率は、今期有形固定資産期末有高を前期有形固定資産期末有高で割って、その増加倍率を求めます。この倍率が「1」以上で高いほど前年よりも有形固定資産(設備)規模が増加して成長性があると判断します。

$$有形固定資産増加倍率 = \frac{今期有形固定資産期末有高}{前期有形固定資産期末有高} (倍)$$

M社 前期 $\frac{29,466}{32,487} = 0.91$ 倍　　M社 今期 $\frac{27,875}{29,466} = 0.95$ 倍

③ 投資活動支出額増加倍率

　投資活動支出額増加倍率は、キャッシュ・フローから見た固定資産増加倍率で、今期投資活動支出額を前期投資活動支出額で割って、その増加倍率を求め

ます。この倍率が「1」以上で高いほど前年よりも実際にキャッシュによる固定資産規模が増加して成長性があると判断します。

$$投資活動支出額増加倍率 = \frac{今期投資活動支出額}{前期投資活動支出額}（倍）$$

M社 前期 $\frac{1,442}{8,345}$ =0.17倍　　M社 今期 $\frac{2,139}{1,442}$ =1.48倍

**④ 人件費増加倍率**

　人件費増加倍率は、今期人件費を前期人件費で割って、その増加倍率を求めます。人件費は、企業に提供した労働力の対価で、取引規模(売上高)の増加に伴い増加するものです。したがって、この倍率が「1」以上で高いほど前年より人件費が増加して成長性があると判断します。

$$人件費増加倍率 = \frac{今期人件費}{前期人件費}（倍）$$

M社 前期 $\frac{23,184}{22,767}$ =1.02倍　　M社 今期 $\frac{24,617}{23,184}$ =1.06倍

(参考)なお、前々期を固定基準としたM社趨勢倍率はそれぞれ次のようになります。

|  | 前々期 | 前期 | 今期 |
|---|---|---|---|
| 固定資産趨勢倍率 | 1.00 | 0.93 | 0.88 |
| 有形固定資産趨勢倍率 | 1.00 | 0.91 | 0.86 |
| 投資活動支出額趨勢倍率 | 1.00 | 0.17 | 0.26 |
| 人件費趨勢倍率 | 1.00 | 1.02 | 1.08 |

## 20.4　資本規模成長性分析とその計算方法を考えよう

　企業が成長すると、取引規模が増加し、それに伴い、資産・人的規模も増加るするともに、資本規模も増加することになります。

　資本規模成長性には、総資本（総資産）の増加割合をみる①総資本（総資産）増加倍率、経営資本の増加割合をみる②経営資本増加倍率、自己資本の増加割合をみる③自己資本増加倍率、稼得資本（利益剰余金）の増加割合をみる④稼得資本増加倍率などがあります。

## ① 総資本（総資産）増加倍率

　総資本（総資産）増加倍率は、今期総資本期末有高を前期総資本期末有高で割って、その増加倍率を求めます。この倍率が「1」以上で高いほど前年より総資本が増加して成長性があると判断します。

$$総資本増加倍率 = \frac{今期総資本期末有高}{前期総資本期末有高}（倍）$$

M社　前期　$\dfrac{57,879}{62,249}$ ＝0.93倍　　M社　今期　$\dfrac{56,790}{57,879}$ ＝0.98倍

## ② 経営資本増加倍率

　経営資本増加倍率は、今期経営資本期末有高を前期経営資本期末有高で割って、その増加倍率を求めます。この倍率が「1」以上で高いほど前年より経営資本が増加して成長性があると判断します。

$$経営資本増加倍率 = \frac{今期経営資本期末有高}{前期経営資本期末有高}（倍）$$

M社　前期　$\dfrac{41,791}{45,525}$ ＝0.92倍　　M社　今期　$\dfrac{41,172}{41,791}$ ＝0.99倍

## ③ 自己資本増加倍率

　自己資本増加倍率は、今期自己資本期末有高を前期自己資本期末有高で割って、その増加倍率を求めます。この倍率が「1」以上で高いほど前年より自己資本が増加して成長性があると判断します。この倍率は、特に、企業の所有主である株主が出資した資本の成長性を示しています。

$$自己資本増加倍率 = \frac{今期自己資本期末有高}{前期自己資本期末有高}（倍）$$

M社　前期　$\dfrac{33,519}{33,325}$ ＝1.01倍　　M社　今期　$\dfrac{33,686}{33,519}$ ＝1.00倍

## ④ 稼得資本増加倍率

　稼得資本増加倍率は、今期稼得資本期末有高を前期稼得資本期末有高で割って、その増加倍率を求めます。この倍率が「1」以上で高いほど前年より稼得資本が増加して成長性があると判断します。この倍率は、特に、企業の所有主である株主が出資した資本の運用結果としての成長性を示しています。

$$稼得資本増加倍率 = \frac{今期稼得資本期末有高}{前期稼得資本期末有高}（倍）$$

M社 前期 $\dfrac{19,946}{19,733}$ =1.01倍  M社 今期 $\dfrac{20,104}{19,946}$ =1.01倍

（参考）なお、前々期を固定基準としたM社趨勢倍率はそれぞれ次のようになります。

|  | 前々期 | 前期 | 今期 |
|---|---|---|---|
| 総資本（総資産）趨勢倍率 | 1.00 | 0.93 | 0.91 |
| 経営資本趨勢倍率 | 1.00 | 0.92 | 0.94 |
| 自己資本趨勢倍率 | 1.00 | 1.01 | 1.01 |
| 稼得資本趨勢倍率 | 1.00 | 1.01 | 1.02 |

## 20.5 先行投資成長性分析とその計算方法を考えよう

先行投資成長性は、現在のみならず将来の売上や利益獲得に向けてのM＆A（合併）を含む先行投資のための支出による成長性の分析です。先行投資成長性を示す指標には広告宣伝費の増加割合をみる①広告宣伝費倍率、研究開発費の増加割合をみる②研究開発費増加倍率、無形固定資産の増加割合をみる③無形固定資産増加倍率などがあります。

① 広告宣伝費増加倍率

広告宣伝費増加倍率は、今期広告宣伝費を前期広告宣伝費で割って、その増加倍率を求めます。広告宣伝費は、その支出により現在や将来の売上高や利益の増加をもたらすための先行投資のための支出です。この倍率が「1」以上で高いほど前年より広告宣伝費が増加して将来の成長性を保証されていると判断します。

広告宣伝費増加倍率 ＝ $\dfrac{今期広告宣伝費}{前期広告宣伝費}$ （倍）

M社 前期 $\dfrac{-}{-}$ ＝ －倍    M社 今期 $\dfrac{-}{-}$ ＝ －倍

② 研究開発費増加倍率

研究開発費増加倍率は、今期研究開発費を前期研究開発費で割って、その増加倍率を求めます。研究開発費は、将来の各種規模や利益の増加をもたらすた

めの先行投資のための支出です。この倍率が「1」以上で高いほど前年より研究開発費が増加して将来の成長性を保証されていると判断します。

$$研究開発費増加倍率 = \frac{今期研究開発費}{前期研究開発費} (倍)$$

M社 前期 $\frac{5}{4}$ =1.25倍　　M社 今期 $\frac{5}{5}$ =1.00倍

③ 無形固定資産増加倍率

　無形固定資産増加倍率は、今期無形固定資産を前期無形固定資産で割って、その増加倍率を求めます。無形固定資産は、M&A（合併）や特許権などで将来の売上高や利益の増加をもたらすための先行投資のための支出です。この倍率が「1」以上で高いほど前年より無形固定資産が増加して将来の成長性があると判断します。

$$無形固定資産増加倍率 = \frac{今期無形固定資産}{前期無形固定資産} (倍)$$

M社 前期 $\frac{209}{203}$ =1.02倍　　M社 今期 $\frac{195}{209}$ =0.93倍

（参考）なお、前々期を固定基準としたM社趨勢倍率はそれぞれ次のようになります。

|  | 前々期 | 前期 | 今期 |
|---|---|---|---|
| 広告宣伝費趨勢倍率 | — | — | — |
| 研究開発費趨勢倍率 | 1.00 | 1.25 | 1.25 |
| 無形固定資産増加倍率 | 1.00 | 1.02 | 0.96 |

## 20.6　利益成長性分析とその計算方法を考えよう

　利益成長性の分析には、売上総利益の増加割合をみる①売上総利益増加倍率、営業利益の増加割合をみる②営業利益増加倍率、事業利益の増加割合をみる③事業利益増加倍率、経常利益の増加割合をみる④経常利益増加倍率、当期純利益の増加割合をみる⑤当期純利益増加倍率、営業キャッシュ・フローの増加割合をみる⑥営業キャッシュ・フロー増加倍率などがあります。

① 売上総利益増加倍率

営業利益増加倍率は、今期売上総利益を前期売上総利益で割って、その増加倍率を求めます。売上総利益は、製商品そのものから得られた利益のことで、この倍率が「1」以上で高いほど前年より売上総利益が増加して成長性があると判断します。

$$売上総利益増加倍率 = \frac{今期売上総利益}{前期売上総利益} （倍）$$

M社　$\frac{52,162}{52,293}$ = 1.00倍　　M社　$\frac{53,267}{52,162}$ = 1.02倍
前期　　　　　　　　　　　　今期

② 営業利益増加倍率

営業利益増加倍率は、今期営業利益を前期営業利益で割って、その増加倍率を求めます。営業利益は、主たる営業活動で得られた利益のことで、この倍率が「1」以上で高いほど前年より営業利益が増加して成長性があると判断します。

$$営業利益増加倍率 = \frac{今期営業利益}{前期営業利益} （倍）$$

M社　$\frac{2,347}{1,927}$ = 1.22倍　　M社　$\frac{2,145}{2,347}$ = 0.91倍
前期　　　　　　　　　　　　今期

③ 事業利益増加倍率

営業利益増加倍率は、今期事業利益を前期事業利益で割って、その増加倍率を求めます。事業利益は、主たる営業活動で得られた利益のほかに財務金融活動で得られた金融収益の合計のことで、この倍率が「1」以上で高いほど前年より事業利益が増加して成長性があると判断します。

$$事業利益増加倍率 = \frac{今期事業利益}{前期事業利益} （倍）$$

M社　$\frac{2,389}{1,927}$ = 1.24倍　　M社　$\frac{2,182}{2,389}$ = 0.91倍
前期　　　　　　　　　　　　今期

④ 経常利益増加倍率

経常利益増加倍率は、今期経常利益を前期経常利益で割って、その増加倍率を求めます。経常利益は、当期の経営成績を表す営業活動と営業活動以外の経常的活動で得られた利益のことで、この倍率が「1」以上で高いほど前年より経常的な利益が増加して成長性があると判断します。

経常利益増加倍率 ＝ 今期経常利益 / 前期経常利益 （倍）

M社 前期 2,352 / 1,950 ＝1.21倍　　M社 今期 2,194 / 2,352 ＝0.93倍

⑤ 当期純利益増加倍率

　当期利益増加倍率は、今期当期純利益を前期当期純利益で割って、その増加倍率を求めます。当期純利益は、当期の臨時活動を含む当期の最終的な処分可能利益のことで、この倍率が「１」以上で高いほど前年より処分可能利益が増加して成長性があると判断します。

当期純利益増加倍率 ＝ 今期当期純利益 / 前期当期純利益 （倍）

M社 前期 690 / 770 ＝0.90倍　　M社 今期 645 / 690 ＝0.93倍

⑥ 営業キャッシュ・フロー増加倍率

　営業キャッシュ・フロー増加倍率は、営業利益のキャッシュ・フロー版で今期営業キャッシュ・フローを前期キャッシュ・フローで割って、その増加倍率を求めます。この倍率が「１」以上で高いほど前年よりもキャッシュによる営業利益の現金創出額が増加して成長性があると判断します。

営業キャッシュ・フロー増加倍率 ＝ 今期営業キャッシュ・フロー / 前期営業キャッシュ・フロー （倍）

M社 前期 6,527 / 4,895 ＝1.33倍　　M社 今期 5,800 / 6,527 ＝0.89倍

　なお、参考として前々期を基準としたM社趨勢倍率はそれぞれ次のようになります。

|  | 前々期 | 前期 | 今期 |
|---|---|---|---|
| 売上総利益趨勢倍率 | 1.00 | 1.00 | 1.02 |
| 営業利益趨勢倍率 | 1.00 | 1.22 | 1.11 |
| 事業利益趨勢倍率 | 1.00 | 1.24 | 1.13 |
| 経常利益趨勢倍率 | 1.00 | 1.21 | 1.13 |
| 当期純利益趨勢倍率 | 1.00 | 0.90 | 0.84 |
| 営業キャッシュ・フロー趨勢倍率 | 1.00 | 1.33 | 1.18 |

# 第21考

# ポイント係数を利用した「経営分析表」と その作成方法を考える
―経営分析の第3段階⑭―

　経営分析表とは、まず、企業間比較を容易にするのために分析目的別（Ⅰ収益性分析、Ⅱ活動性分析、Ⅲ安全性分析およびⅣ成長性分析）に分けて、前期と今期にわけて各指標の計算過程を記入して、その計算結果を記入するとともに、さらにその測定結果をもとにポイント係数評価法により計算した係数も同時に記入した一覧表のことです。このポイント係数を比較することで、企業間比較のための企業評価を容易にすることができます。各指標の計算には、企業別の要約財務諸表分解表（要約貸借対照表分解表、要約損益計算書分解表および要約キャッシュ・フロー分解表）の数値をもとに行われます。

　なお、本書の巻末に「資料1」、「資料2」として、どんぶり(丼)業界2社（M社とR社）が公表している連結財務諸表から「要約財務諸表分解表」を作成しています。また「資料3」には、資料1、資料2の「要約財務諸表分解表」の数値をもとに作成した「経営分析表」を記載しています。

## 21.1　ポイント係数による「経営分析表」の仕組みとその計算上の留意点を考えよう

　経営分析表の仕組みは、次のようになっています。
① 　経営分析表の縦には各分析目的別（収益性分析、活動性分析、安全性分析、成長性分析の4つ）に大分類しています。
② 　上記の大分類をもとに中分類としては次のようになります。

第21考 ポイント係数を利用した「経営分析表」とその作成方法を考える　109

　収益性分析は、(ア)資本利益率の分析、(イ)売上高利益率の分析、(ウ)売上高費用率とその他損益費率の分析、(エ)費用対収益貢献度の分析の４つに中分類します。

　活動性分析は、(ア)資本回転率の分析、(イ)資産回転率と資産回転期間の分析の２つに中分類します。

　安全性の分析は、(ア)短期流動性の分析、(イ)資産構成安全性の分析、(ウ)固定資産投資安全性の分析、(エ)損益関係安全性の分析の４つに分けます。

　成長性分析は、(ア)売上高規模成長性の分析、(イ)資産規模と人的規模成長性の分析、(ウ)資本成長性の分析、(エ)将来投資成長性の分析、(オ)利益成長性の分析の５つに中分類します。

③　最後に小分類の各種指標を中分類ごとに記入しています。各指標には企業別とその「平均」欄を設け企業間平均値を計算することになっています。この企業間平均が「ポイント係数」を算出するための資料となります。

④　経営分析表の横には、期間比較ができるように「前期」欄、「今期」欄、「期間比較」欄を設け、さらに「前期」欄と「今期」欄には「計算式」欄、「算定値」欄、「ポイント係数」欄が設けられています。「期間比較」欄には、各指標の今期と前期の算定値の「増減」欄とポイント係数の「増減」欄が設けられています。

　下記のＭ社とＲ社の資料をもとに経営分析表の一部である「総資本売上総利益率」の記入は次のようになります。計算方法については計算過程を参照してください。

**（資料）**

| | 会社名 | 前期(百万円) | 今期(百万円) |
|---|---|---|---|
| (要約貸借対照表分解表より) | | | |
| 総　　資　　本 | Ｍ社 | 57,879 | 56,790 |
| | Ｒ社 | 79,583 | 81,916 |
| (要約損益計算書分解表より) | | | |
| 売　上　総　利　益 | Ｍ社 | 52,162 | 53,267 |
| | Ｒ社 | 82,379 | 85,159 |

[経営分析表]

| 指標名 | 会社名 | 前期 | | |
|---|---|---|---|---|
| | | 計算式 | 算定値(%) | ポイント係数 |
| 総資本売上総利益率 | M社 | $\frac{52,162}{57,879} \times 100$ | 90.12※3 | 4.60※7 |
| | R社 | $\frac{82,379}{79,583} \times 100$ | 103.51※4 | 5.29※8 |
| | 平均 | $\frac{134,541※1}{137,452※2} \times 100$ | 97.88※5 | 5.00※6 |

| 今期 | | | 期間比較 |
|---|---|---|---|
| 計算式 | 算定値(%) | ポイント係数 | 上段(値)下段(係数) |
| $\frac{53,267}{56,790} \times 100$ | 93.80※11 | 4.70※15 | +3.67※17 / +0.10※18 |
| $\frac{85,159}{81,916} \times 100$ | 103.96※12 | 5.21※16 | +0.45※19 / △0.08※20 |
| $\frac{138,426※9}{138,706※10} \times 100$ | 99.80※13 | 5.00※14 | +1.92※21 / — |

[計算過程]
<前期>
　※1　52,162+82,379=134,541　※2　57,879+79,583=137,462　※3　52,152÷57,790×100≒93.70　※4　82,379÷79,583×100≒103.51　※5　134,541÷137,452×100≒97.88　※6　ポイント係数「5.00」を記入　※7　5.00÷97.88×90.15≒5.33　※8　5.00÷97.86×103.51≒5.29

<今期>
　※9　53,267+85,159=138,426　※10　56,790+85,159=138,786　※11　53,267÷56,790×100≒93.80　※12　85,159÷81,916×100≒93.80　※13　138,426÷138,706×100≒99.80　※14　ポイント係数「5.00」を記入　※15　5.00÷99.80×93.80≒4.70　※16　5.00÷99.80×103.96≒5.21

<期間比較>
　※17　93.80-90.12=+3.67　※18　4.70-4.60=0.10　以下※19、※20、※21は、上記※17、※18.と同様に計算する。

**設例**　上記の経営分析表の総資本売上総利益率から企業間比較分析を行いなさい。

①企業間比較では、前期、今期ともにM社よりもR社が平均5ポイントを上回り良好となる。その良好の程度は、前期ではM社4.60ポイントとR社5.29ポイントとの差が0.69ポイント、今期では0.51ポイントの開きが見られ、その差が少なくなっている。
②期間比較では、M社、R社の比率はともに前期よりも上回っており良好なことを示している。ポイント係数ではM社が1.0ポイントの増加、R社は0.8ポイントの減少で開きが縮小してM社の方が良化している。

# 第22考
# 「平均ポイント係数」と「総合平均ポイント係数」 の求め方とその企業評価を考える
―経営分析の第4段階①―

「平均ポイント係数」とは、経営分析表で大分類されている分析目的（収益性分析、活動性分析、安全性分析および成長性分析）を、さらに細分した中分類をグループとして小分類としての各種指標のポイント係数を合計し、その指標数で単純平均した「ポイント係数」のことをいいます。このポイント係数を一覧表にしたものを「平均ポイント係数表」といいます。

「総合平均ポイント係数」とは、中分類された「平均ポイント係数」を大分類（収益性分析、活動性分析、安全性分析および成長性分析）別に合計し、その中分類の指標数で単純平均した「ポイント係数」のことをいいます。そのポイント係数の一覧表を「総合平均ポイント係数表」といいます。

なお、「平均ポイント係数表」と「総合平均ポイント係数表」には、前期の結果を示す「前期」欄、今期の結果を示す「今期」欄とその増減を示す「増減欄」を設け、期間比較もできるようにしています。

## 22.1 「平均ポイント係数」の求め方とその「平均ポイント係数表」の作成方法を考えよう

平均ポイント係数は、企業別に計算された各指標のポイント係数を中分類として企業別に合計したものを合計するのに使用した指標数で割った単純平均値のことです。ポイント係数は、先の「経営分析表」で求めた指標数値を利用することで簡単に計算ができます。

企業別の「平均ポイント係数」 ＝ 各指標のポイント係数合計 / 上記で合計した指標数合計

　この平均ポイント係数は、「5」を平均として、「5」を超えているときには平均を超えていることになり、また「5」を下回ったときには平均より下回っていることになります。

　平均ポイント評価係数法で使用できる指標は、測定値が大きければ大きいほど「良い」と判断できるものに限られます。したがって、求められた測定値が小さいほど「良い」とされる収益性分析での売上高費用率や測定値の期間が短いほど望ましく「良い」とされる活動性分析での資本回転期間は、平均ポイント係数の計算から除外することになります。また、企業間で算定された各指標のポイント係数がマイナスまたは「10」以上を示す場合には平均ポイント係数の計算に大きな影響を及ぼすために「異常値」として除外しています。

　平均ポイント係数表を図表化したものを「平均ポイント係数図表」といいます。この図表は、平均ポイント係数「5」を図の真中にすることで、右側に行くほど、「5」より高いことを意味し、左側に行くほど平均「5」より低いことを意味しています。この図表を作成することで指標間相互間、さらに企業間相互間の「良し悪し」の理解が一層明確になります。次ページの設例から平均ポイント係数図表を作成しています。

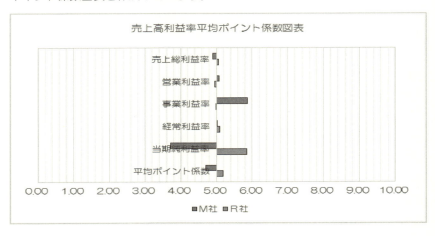

第22考 「平均ポイント係数」と「総合平均ポイント係数」の求め方とその企業評価を考える　113

**設例**　M社とR社の売上高利益率の各種指標のポイント係数からM社とR社の売上高利益率平均ポイント係数（①と②）を求め、売上高利益率の企業間分析を行いなさい。端数は小数第2位未満四捨五入のこと。

|  | 売上高利益率の分析 | ポイント評価係数 | |
|---|---|---|---|
|  | 指標名 | M社 | R社 |
| 1 | 売上総利益率 | 4.90 | 5.06 |
| 2 | 営業利益率 | 5.08 | 4.95 |
| 3 | 事業利益率 | 5.02 | 4.99 |
| 4 | 経常利益率 | 4.87 | 5.09 |
| 5 | 当期純利益率 | 3.71 | 5.84 |
|  | 売上高利益率平均ポイント係数 | ① | ② |

[模範解答例]
[平均ポイント係数の計算]
　①M社　（4.90＋5.08＋5.02＋4.87＋3.71）÷指標数計5＝4.72
　②R社　（5.06＋4.95＋4.99＋5.09＋5.84）÷指標数計5＝5.19
[分析] M社とR社の売上高利益率のポイント係数は4.78と5.19で、その差が0.47ありR社の方が高く売上高利益率の収益性が高いことが分る。M社は、最低で当期純利益率3.71、次に経常利益率4.87、売上総利益4.90の順で「5」を下回り「悪い」ことを、営業利益率5.08と事業利益率5.02の2つ「5」を上回り、「良い」ことを示している。一方R社は当期純利益率5.84を最高に、次に経常利益率5.09と売上総利益率5.06の3つが「5」を上回り「良い」ことを、営業利益率4.95を最低に、事業利益率4.99の2つが5を下回り「悪い」ことを示している。

　「平均ポイント係数表」は、「平均ポイント係数」の一覧表で分析目的（収益性分析、活動性分析、安全性分析および成長性分析）別に作成され、企業間比較もできるように算定値とポイント係数の前期と今期との差額である「期間比較」欄も設けています。それには次のようなものがあります。
　平均ポイント係数表は、収益性分析では(ア)資本利益率平均ポイント係数表、(イ)売上高利益率平均ポイント係数表、(ウ)費用対収益貢献度倍率平均ポイント係数表の3つを、活動性分析では(ア)資本回転率平均ポイント係数表と(イ)資産回転率平均ポイント係数表の2つを、安全性分析では(ア)短期流動性平均ポイント係数表、(イ)資本構成安全性平均ポイント係数表、(ウ)固定資産投資安全性平均ポイント係数表、(エ)損益関係安全性平均ポイント係数表の4つを、成

長性分析では、(ア)売上高規模成長性平均ポイント係数表、(イ)資産規模と人的規模成長性平均ポイント係数表、(ウ)資本成長性平均ポイント係数表、(エ)将来投資成長性平均ポイント係数表、(オ)利益成長性平均ポイント係数表の5つをそれぞれ作成します。

## 22.2 「総合平均ポイント係数」の求め方とその「総合平均ポイント係数表」の作成方法を考えよう

総合平均ポイント係数は、先に中分類された指標の平均ポイントを、さらに大分類として区別した分析目的（収益性分析、活動性分析、安全性分析および成長性分析）別に中分類で使用した指標数で単純平均したポイント係数のことです。具体的には、収益性総合平均ポイント係数、活動性総合平均ポイント係数、安全性総合平均ポイント係数、および成長性総合平均ポイント係数の4つがあります。

$$\text{企業別の「総合平均ポイント係数」} = \frac{\text{中分類された平均ポイント係数合計}}{\text{中分類で使用した指標数合計}}$$

この総合平均ポイント係数は、「5」を平均として、「5」を超えているときには平均値を超えていることになり、また「5」を下回ったときには平均値より下回っていることになります。どの指標が平均より高いか低いかが分ります。

「総合平均ポイント係数表」は、「総合平均ポイント係数」の一覧表であり、大分類の4つに分けて作成され、中分類でのポイント係数を前期と今期ごとに記載するとともに、その増減を記載した「期間比較」欄も設けています。

総合平均ポイント係数表を図表化したものを「総合平均ポイント係数図表」といいます。この図表は、平均ポイント係数「5」を図の真中にすることで、右側に行くほど、「5」より高いことを意味し、左側に行くほど「5」より低いことを意味しています。このことから中分類での指標間相互間、さらに企業間相互間の「良し悪し」の理解が一層明確になります。次ページの設例から「収益性総合ポイント係数図表」を作成しています。

第22考 「平均ポイント係数」と「総合平均ポイント係数」の求め方とその企業評価を考える　115

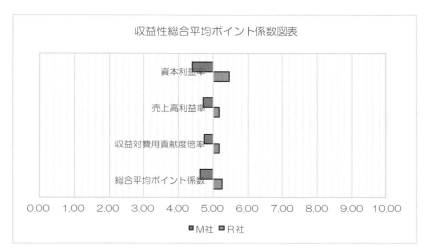

**設例**　M社とR社の収益性分析で求められた各種平均ポイント係数からM社とR社の収益性総合平均ポイント係数（①と②）を求め、収益性分析の企業間比較分析を行いなさい。端数は小数第2位未満四捨五入のこと。

|   | 収益性分析 | 平均ポイント係数 | |
|---|---|---|---|
|   | 指標名 | M社 | R社 |
| 1 | 資　本　利　益　率 | 4.40 | 5.46 |
| 2 | 売　上　高　利　益　率 | 4.71 | 5.19 |
| 3 | 費　用　対　収　益　貢　献　度　倍　率 | 4.78 | 5.17 |
|   | 収益性総合平均ポイント係数 | ① | ② |

[模範解答例]
[総合平均ポイント係数の計算]
　①M社　（4.40＋4.71＋4.78）÷指標数計3＝4.63
　②R社　（5.46＋5.19＋5.17）÷指標数計3＝5.27
[分析]　収益性分析ではM社4.63、R社5.27で、その差が0.46となりR社がM社を上回り「良い」ことを示している。M社はすべての指標で「5」以下になっていて、最低は資本利益率4.40、次に売上高利益率4.71、費用対収益貢献倍率4.78の順となっている。一方R社は資本利益率5.46を最高に、売上高利益率5.19、費用対収益高貢献度倍率5.17の順となっていて、すべてにおいてR社の収益性が高いことが分る。

# 第23考
# 「収益性分析」からみた企業間比較のための企業評価を考える
―経営分析の第4段階②―

　企業間比較のための企業評価をポイント係数評価法により収益性分析を行ってみましょう。収益性分析は、大きく①資本利益率の分析、②売上高利益率の分析、③費用収益貢献度の3つの分析に分けることができます。

　上記①、②、③の各分析には、経営分析表において計算されたポイント係数が記載されており、そのポイント係数を一覧表にするとともに、一覧表の各指標のポイント係数を集約して平均した「平均ポイント係数」も記入して、平均ポイント係数表」を作成します。最後に、上記3つの分析の総合平均ポイント係数を集約し、その平均を計算した「収益性総合ポイント係数」を求め、「収益性総合ポイント係数表」を作成し企業間比較のための企業評価を行います。

　なお、これらの係数表を図表化したものを「平均ポイント係数図表」または「総合平均ポイント係数図表」といい、この図表をみることで指標間相互、さらに企業間相互の「良し悪し」の理解が一層明確になります。

## 23.1 「資本利益率平均ポイント係数表」による企業間比較のための企業評価をどのように行うかを考えよう

　「資本利益率」の企業間比較のための企業評価は、経営分析表から「資本利益率平均ポイント係数表」を作成して行います。

　次に、M社とR社の経営分析表から「資本利益率平均ポイント係数表」と「資本利益率平均ポイント係数図表」を作成しています。

第23考 「収益性分析」からみた企業間比較のための企業評価を考える　117

| | 資本利益率平均ポイント係数表 | | | | | |
|---|---|---|---|---|---|---|
| | M社 | | | R社 | | |
| | 前期 | 今期 | 増減 | 前期 | 今期 | 増減 |
| 総資本売上総利益率 | 4.60 | 4.70 | +0.10 | 5.29 | 5.21 | △0.08 |
| 総資本営業利益率 | 4.77 | 3.99 | △0.78 | 5.17 | 5.70 | +0.53 |
| 総資本経常利益率 | 4.71 | 3.97 | △0.74 | 5.21 | 5.71 | +0.51 |
| 総資本事業利益率 | 4.57 | 3.96 | △0.61 | 5.31 | 5.72 | +0.41 |
| 総資本当期純利益率 | 3.48 | 3.14 | △0.35 | 6.10 | 6.29 | +0.19 |
| 経営資本営業利益率 | 4.56 | 3.84 | △0.73 | 5.34 | 5.86 | +0.52 |
| 自己資本経常利益率 | 4.38 | 3.73 | △0.65 | 5.49 | 5.97 | +0.48 |
| 自己資本当期純利益率 | 3.34 | 2.96 | △0.38 | 6.31 | 6.57 | +0.26 |
| 払込資本当期純利益率 | 5.20 | 4.56 | △0.65 | 4.92 | 5.17 | +0.25 |
| 平均ポイント係数 | 4.40 ※1 | 3.87 ※2 | △0.53 | 5.46 ※3 | 5.80 ※4 | +0.34 |

※1　(4.60+4.77+4.71+4.57+3.48+4.56+4.38+3.34+5.20)÷指標数9≒4.40
※2　(4.70+3.99+3.97+3.96+3.14+3.84+3.73+2.96+4.56)÷9≒3.87
※3　(5.29+5.17+5.21+5.31+6.10+5.34+5.49+6.31+4.81)÷9≒5.46
※4　(5.21+5.70+5.71+5.72+6.29+5.86+5.97+6.57+5.17)÷9≒5.80

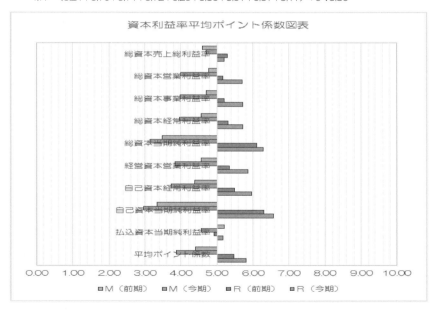

問23-1 上記の「資本利益率平均ポイント係数表」からみた企業間比較分析を行いなさい。

（解答記入欄）

※書ききれないときには、用紙を貼って付けたしてください。

## 23.2 「売上高利益率平均ポイント係数表」による企業間比較分析をどのように行うかを考えよう

「売上高利益率」の企業間比較分析は、経営分析表から「売上高利益率平均ポイント係数表」を作成して行います。

次に、M社とR社の経営分析表から「売上高利益率平均ポイント係数表」と「売上高利益率平均ポイント係数図表」を作成しています。

| 売上高利益率平均ポイント係数表 | | | | | | |
|---|---|---|---|---|---|---|
| | M社 | | | R社 | | |
| | 前期 | 今期 | 増減 | 前期 | 今期 | 増減 |
| 売上総利益率 | 4.90 | 4.89 | △0.02 | 5.06 | 5.06 | △0.00 |
| 営業利益率 | 5.08 | 4.15 | △0.93 | 4.95 | 5.55 | +0.60 |
| 事業利益率 | 5.02 | 4.13 | △0.89 | 4.99 | 5.57 | +0.58 |
| 経常利益率 | 4.87 | 4.11 | △0.75 | 5.09 | 5.58 | +0.49 |
| 当期純利益率 | 3.71 | 3.26 | △0.45 | 5.84 | 6.13 | +0.28 |
| 平均ポイント係数 | 4.71 | 4.11 | △0.61 | 5.19 | 5.58 | +0.39 |

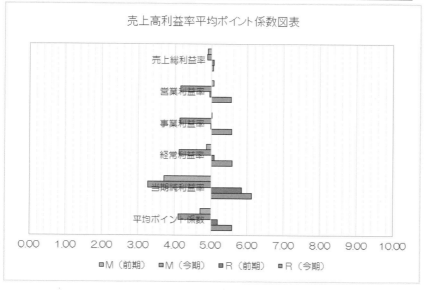

問23-2 上記の「売上高利益率平均ポイント係数表」から企業間比較分析を行いなさい。

（解答記入欄）

※書ききれないときには、用紙を貼って付けたしてください

## 23.3 「売上高利益率」の良否の原因分析をどのように行うかを考えよう。

　「売上高利益率」の良否の原因分析は、経営分析表から「売上高費用率その他の売上高損益率ポイント係数表」と「売上高費用率その他の売上高損益率ポイント係数図表」を作成して行います。なお、ポイント係数評価法では、比率算定値が高ければ高いほど「良い」と判断できる指標のみを選択しているため、ここでは平均値である平均ポイント係数を計算する必要はありません。

　ポイント係数表での売上原価率は「売上高総利益率」の良否の原因分析に、販売費及び一般管理費率とその構成比率である広告宣伝費率、人件費率、減価償却費率、研究開発費率などは「売上高総利益率」の結果を受けて「営業利益率」の良否の原因分析に、営業外収益率や営業外費用率とその構成比率である金融収益率、金融費用率、純金融費用率などは、「営業利益率」との結果を受けた「経常利益率」の良否の原因分析に、特別利益率、特別損失率、法人税等率は、「経常利益率」との結果を受けた「当期純利益率」の良否の原因分析にそれぞれ使用します。

売上高費用率その他の売上高損益比率ポイント係数表

| | M社 | | | R社 | | |
|---|---|---|---|---|---|---|
| | 前期 | 今期 | 増減 | 前期 | 今期 | 増減 |
| 売上原価率 | 5.20 | 5.23 | +0.03 | 4.87 | 4.85 | △0.02 |
| 販売費及び一般管理費率 | 4.90 | 4.92 | +0.03 | 5.07 | 5.05 | △0.02 |
| 広告宣伝費率 | ― | ― | ― | ― | ― | ― |
| 人件費率 | 5.21 | 5.36 | +0.15 | 4.85 | 4.77 | △0.10 |
| 減価償却費率 | 5.65 | 5.01 | △0.64 | 4.58 | 5.00 | +0.42 |
| 研究開発費率 | ― | ― | ― | ― | ― | ― |
| 営業外収益率 | 4.76 | 5.40 | +0.63 | 5.15 | 4.74 | △0.41 |
| 金融収益率 | 3.02 | 3.09 | +0.07 | 6.30 | 6.24 | △0.06 |
| 営業外費用率 | 6.03 | 5.93 | △0.10 | 4.33 | 4.39 | +0.07 |
| 金融費用率 | 4.09 | 3.29 | △0.80 | 5.60 | 6.11 | +0.51 |
| 純金融費用率 | 4.53 | 3.36 | △1.17 | 5.30 | 6.06 | +0.76 |
| 特別利益率 | 4.86 | 4.82 | △0.04 | 5.09 | 5.12 | +0.02 |
| 特別損失率 | 6.31 | 5.57 | △0.74 | 4.14 | 4.63 | +0.49 |
| 法人税等率 | 5.28 | 4.34 | △0.94 | 4.82 | 5.43 | +0.61 |

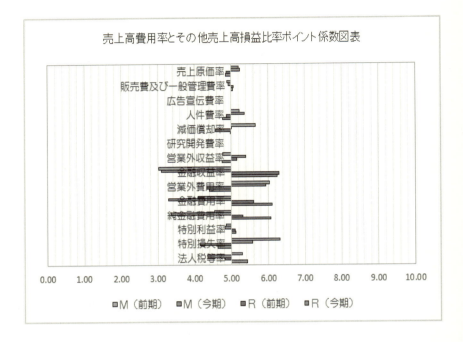

問23-3 上記の「売上高費用率等ポイント係数表」から売上高利益率の良否の原因分析を行いなさい。

※書ききれないときには、用紙を貼って付けたしてください

## 23.4 「費用対収益貢献度倍率ポイント係数表」による企業間比較分析をどのように行うかを考えよう

「費用収益貢献度倍率」の企業間比較分析は、経営分析表から「費用対収益貢献度平均ポイント係数表」を作成して行います。

次に、M社とR社の経営分析表から「費用対収益貢献度倍率平均ポイント係数表」と「費用対収益貢献度平均ポイント係数図表」を作成しています。

| 費用対収益貢献度倍率平均ポイント係数表 | | | | | | |
|---|---|---|---|---|---|---|
| | M社 | | | R社 | | |
| | 前期 | 今期 | 増減 | 前期 | 今期 | 増減 |
| 売上原価貢献度倍率 | 4.81 | 4.78 | +0.03 | 5.13 | 5.16 | △0.02 |
| 販売費及び一般管理費貢献度倍率 | 5.11 | 5.08 | △0.03 | 4.93 | 4.95 | +0.02 |
| 広告宣伝費貢献度倍率※ | — | — | — | — | — | — |
| 人件費貢献度倍率 | 4.80 | 3.29 | △0.15 | 5.14 | 5.25 | +0.10 |
| 減価償却費貢献度倍率 | 4.43 | 4.99 | +0.57 | 5.46 | 5.00 | △0.46 |
| 試験研究費貢献度倍率※ | — | — | — | — | — | — |
| 平均ポイント係数 | 4.78 | 4.54 | △0.25 | 5.17 | 5.09 | △0.08 |

※広告宣伝費貢献度はM社、R社ともに、研究開発費貢献度は、R社には記載がないため計算から除外しています。

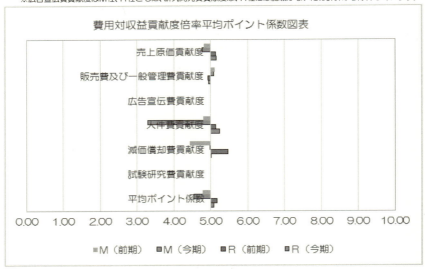

問23-4 上記の「費用対収益貢献度倍率平均ポイント係数表」から企業間比較のための企業評価を行いなさい。

（解答記入欄）

※書ききれないときには、用紙を貼って付けたしてください

## 23.5 「収益性分析」全体としての企業間比較をどのように行うかを考えよう。

収益性分析全体での企業間比較は、①資本利益率、②売上高利益率、③費用対収益貢献度の3つの平均ポイント係数を合計し、その合計を「3」で単純平均化して、企業間比較を行います。その平均化した一覧表を「収益性総合平均ポイント係数表」といい、その総合平均ポイント評価係数の大小で、企業間比較を行うことになります。

次に、M社とR社の「平均ポイント評価係数表」から「収益性分析総合平均ポイント係数表」と「収益性分析総合平均ポイント係数図表」を作成しています。

| 収益性分析総合平均ポイント係数表 | | | | | | |
|---|---|---|---|---|---|---|
| | M社 | | | R社 | | |
| | 前期 | 今期 | 増減 | 前期 | 今期 | 増減 |
| 資本利益率 | 4.40 | 3.87 | △0.63 | 5.46 | 5.80 | +0.34 |
| 売上高利益率 | 4.71 | 4.11 | △0.61 | 5.19 | 5.58 | +0.39 |
| 費用対収益貢献度 | 4.78 | 4.54 | △0.25 | 5.17 | 5.09 | △0.08 |
| 総合平均ポイント係数 | 4.63 | 4.17 | △0.46 | 5.27 | 5.49 | +0.22 |

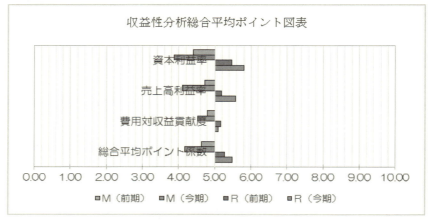

**問23-5** 上記の「収益性分析総合平均ポイント係数表」から企業間比較分析を行いなさい。

（解答記入欄）

第 23 考 「収益性分析」からみた企業間比較のための企業評価を考える　127

# 第24考
## 「活動性分析」からみた企業間比較のための企業評価を考える
―経営分析の第4段階③―

　企業間比較のための企業評価をポイント係数評価法により活動性分析を行ってみましょう。活動性分析は、大きく①資本回転率の分析、②資本回転率の分析の2つの分析に分けることができます。
　上記①と②の各分析には、経営分析表において計算されたポイント係数が記載されており、そのポイント係数を一覧表にするとともに、一覧表の各指標のポイント係数を集約して平均して計算した「平均ポイント係数」も記入して、その結果を「平均ポイント係数表」を作成し、そこに記入します。最後に、上記2つの分析の総合平均ポイント係数を集約し、その平均を計算した「活動性総合ポイント係数」を求め、それを「活動性総合ポイント係数表」を作成し、企業間比較のための企業評価を行います。
　なお、これらの係数表を図表化したものを「平均ポイント係数図表」または「総合平均ポイント係数図表」といい、この図表をみることで指標間相互、さらに企業間相互の「良し悪し」の理解が一層明確になります。

## 24.1　「資本回転率平均ポイント評価係数表」による企業間比較のための企業評価をどのように行うかを考えよう

　「資本回転率」の企業間比較のための企業評価は、経営分析表から「資本回転率平均ポイント係数表」を作成して行います。

次に、M社とR社の経営分析表から「資本回転率平均ポイント係数表」と「資本回転率平均ポイント係数図表」も作成しています。

| | 資本回転率平均ポイント係数表 | | | | | |
|---|---|---|---|---|---|---|
| | M社 | | | R社 | | |
| | 前期 | 今期 | 増減 | 前期 | 今期 | 増減 |
| 総資本回転率 | 4.69 | 4.81 | +0.11 | 5.22 | 5.13 | △0.09 |
| 経営資本回転率 | 4.49 | 4.62 | +0.13 | 5.40 | 5.28 | △0.12 |
| 長期資本回転率 | 4.59 | 4.79 | +0.20 | 5.31 | 5.15 | △0.16 |
| 自己資本回転率 | 4.50 | 4.54 | +0.04 | 5.39 | 5.36 | △0.04 |
| 払込資本回転率 | 7.01 | 6.98 | △0.03 | 4.21 | 4.22 | +0.01 |
| 平均ポイント評価係数 | 5.06 | 5.15 | +0.08 | 5.11 | 5.03 | △0.08 |

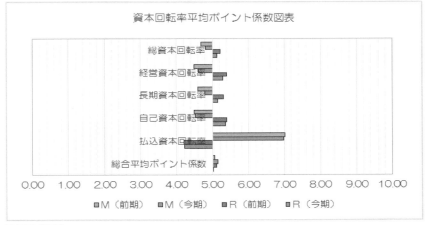

問24-1 上記の「資本回転率平均ポイント係数表」から企業間比較のための企業評価を行いなさい。

（解答記入欄）

※書ききれないときには、用紙を貼って付けたしてください

## 24.2 「資産回転率平均ポイント係数表」による企業間比較のための企業評価をどのように行うかを考えよう

　「資産回転率」の企業間比較のための企業評価は、経営分析表から「資産回転率平均ポイント係数表」を作成して行います。

　次に、M社とR社の経営分析表から「資産回転率平均ポイント係数表」と「資産回転率平均ポイント係数図表」を作成しています。

資産回転率平均ポイント係数表

|  | M社 | | | R社 | | |
|---|---|---|---|---|---|---|
|  | 前期 | 今期 | 増減 | 前期 | 今期 | 増減 |
| 現金性資産回転率 | 3.20 | 3.04 | △0.15 | 7.92 | 8.58 | +0.66 |
| 売上債権回転率※ | 除外 | 除外 | — | 除外 | 除外 | — |
| 仕入債務回転率 | 6.45 | 6.07 | △0.38 | 4.32 | 4.45 | +0.13 |
| 棚卸資産回転率 | 3.74 | 3.79 | +0.05 | 6.54 | 6.44 | △0.09 |
| 固定資産回転率 | 4.73 | 4.91 | +0.18 | 5.19 | 5.06 | △0.13 |
| 有形固定資産回転率 | 4.43 | 4.67 | +0.24 | 5.46 | 5.24 | △0.22 |
| 平均ポイント係数 | 4.51 | 4.50 | △0.01 | 5.89 | 5.95 | +0.07 |

※売上債権回転率は、M社の売上債権が極端に少なくポイント係数に「10」を超える異常値のために除外しています。

第24考 「活動性分析」からみた企業間比較のための企業評価を考える　131

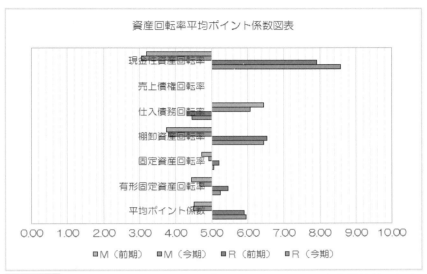

問24-2　上記の「資産回転率平均ポイント係数表」から企業間比較のための企業評価を行いなさい。

（解答記入欄）

※書ききれないときには、用紙を貼って付けたしてください

## 24.3 資産回転率を資産回転期間（日数）からみた企業間分析をどのように行うかを考えよう。

　資産回転期間からみた企業間分析では、回転期間は短期間ほど資産効率が高いことになります。したがって回転期間ポイント係数は、あくまでも期間比較のためのもので「5」より小さければ小さいほど望ましく、「5」を超えると悪いことになります。現実には、回転期間（年数、月数、日数）の方がイメージとしてわかりやすくなります。
　次に、M社とR社の経営分析表から「資産回転期間平均ポイント係数表」と「資産回転期間ポイント係数図表」を作成しています。さらに、資産回転日数を表にした「資産回転日数表」も作成しています。

資産回転期間平均ポイント係数表

|  | M社 | | | R社 | | |
|---|---|---|---|---|---|---|
|  | 前期 | 今期 | 増減 | 前期 | 今期 | 増減 |
| 現金性資産滞留期間 | 7.82 | 8.21 | +0.39 | 3.16 | 2.91 | △0.24 |
| 売上債権回収期間 | 0.92 | 0.93 | +0.01 | 7.67 | 7.65 | △0.02 |
| 仕入債務支払期間 | 3.88 | 4.12 | +0.24 | 5.79 | 5.62 | △0.17 |
| 棚卸資産在庫期間 | 6.68 | 6.60 | △0.09 | 3.82 | 3.88 | +0.06 |
| 平均ポイント係数 | 4.82 | 4.96 | +0.14 | 5.11 | 5.02 | △0.09 |

第24考 「活動性分析」からみた企業間比較のための企業評価を考える　133

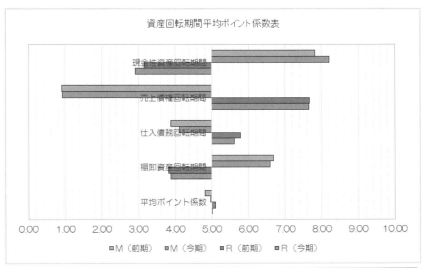

| 資産回転日数表 | | | | | | |
|---|---|---|---|---|---|---|
| | M社 | | | R社 | | |
| | 前期 | 今期 | 増減 | 前期 | 今期 | 増減 |
| 現金性資産滞留日数 | 36.31 | 38.92 | +2.61 | 14.67 | 13.81 | △0.85 |
| 売上債権回収日数 | 1.72 | 1.90 | +0.18 | 14.39 | 15.73 | +1.34 |
| 仕入債務支払日数 | 21.50 | 25.16 | +3.67 | 32.09 | 34.35 | +2.26 |
| 棚卸資産在庫日数 | 33.31 | 35.74 | +2.43 | 19.06 | 21.03 | +1.96 |

**問24−3**　上記の「資産回転期間平均ポイント係数表」と「資産回転日数表」から企業間比較を行いなさい。

（解答記入欄）

※書ききれないときには、用紙を貼って付けたしてください

## 24.4 「活動性分析」全体としての企業間比較をどのように行うかを考えよう。

　活動性分析全体での企業間比較は、①資本回転率と②資産回転率の2つの平均ポイント係数を合計し、その合計を「2」で単純平均化したものを記入した「活動性分析総合平均ポイント係数表」を作成して行います。総合平均ポイント評価係数の大小で、企業間比較を行うことになります。
　次に、M社とR社の「平均ポイント係数表」から「活動性分析総合平均ポイント係数表」と「活動性分析総合平均ポイント係数図表」を作成しています。

| 活動性分析総合平均ポイント係数表 | M社 | | | R社 | | |
|---|---|---|---|---|---|---|
| | 前期 | 今期 | 増減 | 前期 | 今期 | 増減 |
| 資本回転率 | 5.06 | 5.15 | +0.09 | 5.11 | 5.03 | △0.08 |
| 資産回転率 | 4.51 | 4.50 | △0.01 | 5.89 | 5.95 | +0.07 |
| 総合平均ポイント係数 | 4.87 | 4.82 | +0.04 | 5.50 | 5.49 | △0.01 |

第24考 「活動性分析」からみた企業間比較のための企業評価を考える 135

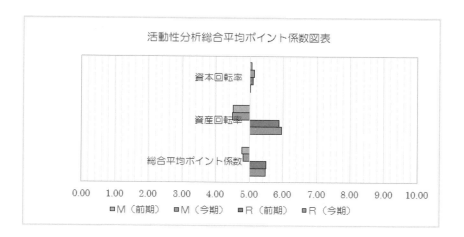

問24-4 上記の「活動性分析総合平均ポイント係数表」から企業間比較分析を行いなさい。

(解答記入欄)

(

# 第25考
# 「安全性分析」からみた企業間比較 のための企業評価を考える
―経営分析の第4段階④―

　企業間比較のための企業評価をポイント係数評価法により安全性分析を行ってみましょう。安全性分析は、①短期流動性の分析、②資本構成安全性の分析、③固定資産投資安全性の分析、④損益取引関係安全性の4つの分析に分けることができます。

　上記の各分析には、経営分析表において計算されたポイント係数が記載されており、そのポイント係数を一覧表にするとともに、一覧表の各指標のポイント係数を集約して平均した「平均ポイント係数」も記入して、「平均ポイント係数表」を作成します。最後に、上記4つの分析の総合平均ポイント評価係数を集約し、その平均を計算した「安全性総合ポイント係数」を求め、それを「安全性総合ポイント係数表」を作成し、企業間比較のための企業評価を行います。

　なお、これらの係数表を図表化したものを「平均ポイント係数図表」または「総合平均ポイント係数図表」といい、この図表をみることで指標間相互、さらに企業間相互の「良し悪し」の理解が一層明確になります。

## 25.1 「短期流動性平均ポイント係数表」による企業間比較のための企業評価をどのように行うかを考えよう

　「短期流動性」の企業間比較のための企業評価は、経営分析表から「短期流動性平均ポイント係数表」を作成して行います。

次に、M社とR社の経営分析表から「短期流動性平均ポイント係数表」と「短期流動性平均ポイント係数図表」を作成しています。

| 短期流動性平均ポイント係数表 | | | | | | |
|---|---|---|---|---|---|---|
| | M社 | | | R社 | | |
| | 前期 | 今期 | 増減 | 前期 | 今期 | 増減 |
| 流動比率 | 5.50 | 5.32 | △0.18 | 4.68 | 4.78 | +0.10 |
| 当座比率 | 5.85 | 5.72 | △0.14 | 4.44 | 4.49 | +0.05 |
| 現金性資産比率 | 7.85 | 7.82 | △0.03 | 3.15 | 3.01 | △0.14 |
| 売上債権対仕入債務比率 | 1.14 | 1.07 | △0.06 | 6.81 | 7.02 | +0.21 |
| 営業キャッシュ・フロー対流動負債倍率 | 5.96 | 5.01 | △0.95 | 4.38 | 5.00 | +0.62 |
| 平均ポイント係数 | 5.26 | 4.99 | △0.27 | 4.69 | 4.86 | +0.17 |

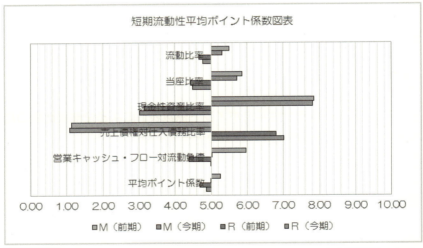

問25-1 上記の「短期流動性平均ポイント係数表」から企業間比較のための企業評価を行いなさい。

（解答記入欄）

第 25 考 「安全性分析」からみた企業間比較のための企業評価を考える　139

※書ききれないときには、用紙を貼って付けたしてください

## 25.2 「資本構成安全性平均ポイント係数表」による企業間比較のための企業評価をどのように行うかを考えよう

「資本構成安全性）」の企業間比較のための企業評価は、経営分析表から「資本構成安全性平均ポイント係数表」を作成して行います。

次に、M社とR社の経営分析表から「資本構成安全性平均ポイント係数表」と「資本構成安全性平均ポイント係数図表」を作成しています。

| 資本構成安全性平均ポイント係数表 | | | | | | |
|---|---|---|---|---|---|---|
| | M社 | | | R社 | | |
| | 前期 | 今期 | 増減 | 前期 | 今期 | 増減 |
| 自己資本比率 | 5.22 | 5.30 | +0.08 | 4.84 | 4.79 | △0.05 |
| 稼得資本（利益剰余金）比率 | 8.57 | 8.29 | △0.29 | 2.20 | 2.48 | +0.28 |
| 営業キャッシュ・フロー対自己資本倍率 | 5.34 | 4.77 | △0.57 | 4.73 | 5.18 | +0.44 |
| 負債比率 | 5.47 | 5.68 | +0.21 | 4.69 | 4.58 | △0.10 |
| 有利子負債倍率 | 4.54 | 4.59 | +0.05 | 5.37 | 5.29 | △0.07 |
| 営業キャッシュ・フロー対固定負債倍率 | 5.74 | 5.82 | +0.09 | 4.49 | 4.54 | +0.05 |
| 営業キャッシュ・フロー対他人資本倍率 | 5.84 | 5.42 | △0.42 | 4.44 | 4.74 | +0.31 |
| 営業キャッシュ・フロー対総資本倍率 | 5.57 | 5.06 | △0.52 | 4.58 | 4.96 | +0.38 |
| 平均ポイント係数 | 5.79 | 5.62 | △0.17 | 4.42 | 4.57 | +0.15 |

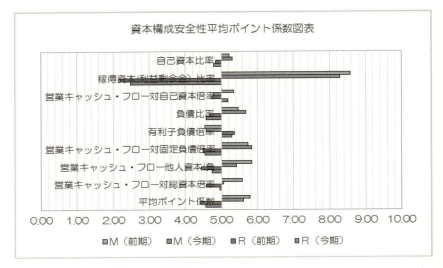

問25-2　上記の「**資本構成安全性平均ポイント係数表**」から企業間比較のための企業評価を行いなさい。

（解答例）

（解答記入欄）

※書ききれないときには、用紙を貼って付けたしてください

## 25.3 「固定資産投資安全性平均ポイント係数表」による企業間比較のための企業評価をどのように行うかを考えよう

「固定資産投資安全性」の企業間比較のための企業評価は、経営分析表から「固定資産投資安全性平均ポイント係数表」を作成して行います。
次に、M社とR社の経営分析表から「固定資産投資安全性平均ポイント係数表」と「固定資産投資安全性平均ポイント係数図表」を作成しています。

固定資産投資安全性平均ポイント係数表

|  | M社 | | | R社 | | |
|---|---|---|---|---|---|---|
|  | 前期 | 今期 | 増減 | 前期 | 今期 | 増減 |
| 固定比率 | 5.26 | 5.41 | +0.15 | 4.81 | 4.72 | △0.09 |
| 長期資本固定比率 | 5.15 | 5.12 | △0.03 | 4.89 | 4.92 | +0.02 |
| 営業キャッシュ・フロー対投資活動支出額倍率 | 除外※ | 7.37 |  | 除外※ | 4.08 |  |
| 営業キャッシュ・フロー対投資キャッシュ・フロー比率 | 除外※ | 7.24 |  | 除外※ | 4.10 |  |
| 営業キャッシュ・フロー対フリー・キャッシュ・フロー倍率 | 除外※ | 3.62 |  | 除外※ | 6.85 |  |
| 平均ポイント係数 | 5.20 | 5.75 | +0.55 | 4.85 | 4.93 | +0.08 |

※「営業キャッシュ・フロー対投資活動支出倍率」、「営業キャッシュ・フロー対投資キャッシュ・フロー倍率」と「営業キャッシュ・フロー対フリー・キャッシュ・フロー倍率」のM社またはR社の前期のポイント係数が「10」を超えたため異常値として計算から除外しています。

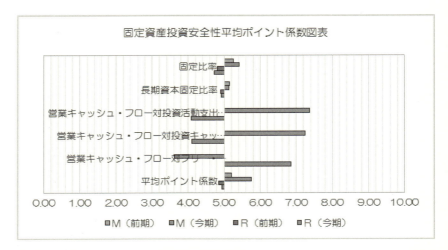

問 25-3　上記の「固定資産投資安全性平均ポイント係数表」から企業間比較のための企業評価を行いなさい。

（解答記入欄）

※書ききれないときには、用紙を貼って付けたしてください

## 25.4 「損益関係安全性平均ポイント係数表」による企業間比較のための企業評価をどのように行うかを考えよう

「損益関係安全性」の企業間比較のための企業評価は、経営分析表から「損益関係安全性平均ポイント係数表」を作成して行います。
次に、M社とR社の経営分析表から「損益関係安全性平均ポイント係数表」と「損益関係安全性平均ポイント係数図表」を作成しています。当然のことながら、この損益関係安全性は、先の収益性分析とも密接な関係を有しています。

| 損益関係安全性平均ポイント係数表 | | | | | | |
|---|---|---|---|---|---|---|
| | M社 | | | R社 | | |
| | 前期 | 今期 | 増減 | 前期 | 今期 | 増減 |
| 金融費用支払倍率 | 6.14 | 6.27 | +0.13 | 4.46 | 4.56 | +0.10 |
| 営業キャッシュ・フロー対金融費用倍率 | 7.26 | 7.98 | +0.73 | 3.92 | 4.83 | +0.91 |
| 限界利益倍率 | 4.90 | 4.89 | △0.02 | 5.06 | 5.07 | +0.01 |
| 損益分岐点倍率 | 5.00 | 4.96 | △0.04 | 5.00 | 5.03 | +0.03 |
| 営業キャッシュ・フロー・マージン倍率 | 5.94 | 5.26 | △0.68 | 4.39 | 4.83 | +0.44 |
| 営業キャッシュ・フロー対営業利益倍率 | 5.85 | 6.33 | +0.49 | 4.43 | 4.35 | △0.08 |
| 平均ポイント係数 | 5.85 | 5.95 | +0.10 | 4.54 | 4.78 | +0.24 |

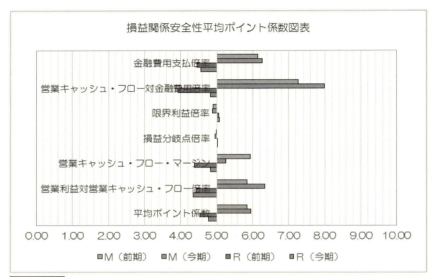

問25-4 上記の「損益関係安全性平均ポイント評価係数表」から企業間比較のための企業評価を行いなさい。

（解答記入欄）

※書ききれないときには、用紙を貼って付けたしてください

## 25.5 「安全性分析」全体としての企業間比較をどのように行うかを考えよう。

　安全性分析全体での企業間比較は、①短期流動性、②資本構成安全性、③固定資産投資安全性および④損益関係安全性の４つの平均ポイント係数を合計し、その合計を「４」で単純平均化したものを記入した「安全性総合平均ポイント係数表」を作成して行います。総合平均ポイント評価係数の大小で、企業間比較を行うことになります。

　次に、M社とR社の「平均ポイント評価係数表」から「安全性総合平均ポイント係数表」と「安全性分析総合平均ポイント係数図表」を作成しています。

### 安全性分析総合平均ポイント係数表

|  | M社 | | | R社 | | |
| --- | --- | --- | --- | --- | --- | --- |
|  | 前期 | 今期 | 増減 | 前期 | 今期 | 増減 |
| 短期流動性 | 5.26 | 4.99 | △0.27 | 4.69 | 4.86 | +0.17 |
| 資本構成安全性 | 5.79 | 5.62 | △0.17 | 4.42 | 4.57 | +0.15 |
| 固定資産投資安全性 | 5.20 | 5.75 | +0.55 | 4.85 | 4.93 | +0.08 |
| 損益関係安全性 | 5.85 | 5.95 | +0.10 | 4.54 | 4.78 | +0.24 |
| 総合平均ポイント係数 | 5.52 | 5.58 | +0.05 | 4.63 | 4.79 | +0.16 |

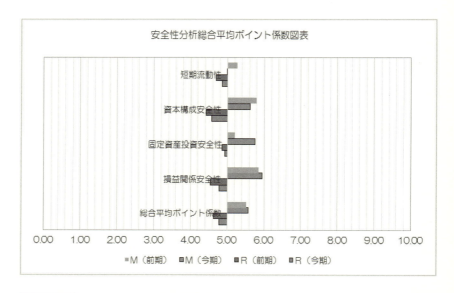

問25-5 上記の「安全性分析総合平均ポイント係数表」から企業間比較分析を行いなさい。

（解答記入欄）

第 25 考　「安全性分析」からみた企業間比較のための企業評価を考える

# 第26考
## 「成長性分析」からみた企業間比較のための企業評価を考える
―経営分析の第4段階⑤―

　企業間比較のための企業評価をポイント係数評価法により成長性分析を行ってみましょう。成長性分析は、大きく①売上高規模成長性、②資産・人的規模成長性、③資本成長性、④先行投資成長性、⑤利益成長性の5つに分けて行ないます。

　上記の各分析には、経営分析表において計算されたポイント係数が記載されており、そのポイント係数を一覧表にするとともに、一覧表の各指標のポイント係数を集約して平均した「平均ポイント係数」を計算して、その結果を「平均ポイント係数表」を作成し、そこに記入します。最後に、上記5つの分析の総合平均ポイント係数を集約し、その平均を計算した「成長性総合ポイント係数」を求め、それを「成長性総合ポイント係数評価表」を作成し、企業間比較のための企業評価を行います。

　なお、これらの係数表を図表化したものを「平均ポイント係数図表」または「総合平均ポイント係数図表」といい、この図表をみることで指標間相互、さらに企業間相互の「良し悪し」の理解が一層明確になります。

## 26.1 「売上高規模成長性平均ポイント係数表」による企業間比較のための企業評価をどのように行うかを考えよう

　「売上高規模成長性」の企業間比較のための企業評価は、経営分析表から「売上高規模成長性平均ポイント係数表」を作成して行います。

次に、M社とR社の経営分析表から「売上高規模成長性平均ポイント係数表」と「売上高規模成長性平均ポイント係数図表」を作成しています。

| 売上高規模成長性平均ポイント係数表 | | | | | | |
|---|---|---|---|---|---|---|
| | M社 | | | R社 | | |
| | 前期 | 今期 | 増減 | 前期 | 今期 | 増減 |
| 売上高成長率 | 4.85 | 4.98 | +0.13 | 5.10 | 5.01 | △0.09 |
| 平均ポイント係数 | 4.85 | 4.98 | +0.13 | 5.10 | 5.01 | △0.09 |

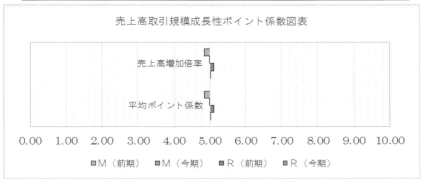

問26-1 上記の「売上高取引規模平均ポイント係数表」から企業間比較のための企業評価を行いなさい。

(解答記入欄)

## 26.2 「資産・人的規模成長性安全性平均ポイント係数表」による企業間比較のための企業評価をどのように行うかを考えよう

「資産・人的規模成長性」の企業間比較のための企業評価は、経営分析表から「資産・人的規模成長性平均ポイント係数表」を作成して行います。

次に、M社とR社の経営分析表から「資産・人的規模成長性平均ポイント係数表」と「資産・人的規模成長性平均ポイント係数図表」を作成しています。

資産・人的規模成長性平均ポイント係数表

|  | M社 | | | R社 | | |
|---|---|---|---|---|---|---|
|  | 前期 | 今期 | 増減 | 前期 | 今期 | 増減 |
| 固定資産増加倍率 | 4.68 | 4.80 | +0.12 | 5.26 | 5.15 | △0.11 |
| 有形固定資産増加倍率 | 4.58 | 4.72 | +0.14 | 5.40 | 5.23 | △0.17 |
| 投資活動支出額増加倍率 | 除外※ | 7.47 |  | 除外※ | 4.43 |  |
| 人件費増加倍率 | 4.99 | 5.12 | +0.13 | 5.00 | 4.91 | △0.09 |
| 平均ポイント係数 | 4.75 | 5.53 | +0.78 | 5.22 | 4.93 | △0.29 |

※投資活動支出額増加倍率は、R社の前期のポイント係数が「10」を超えたため、異常値として除外しています。

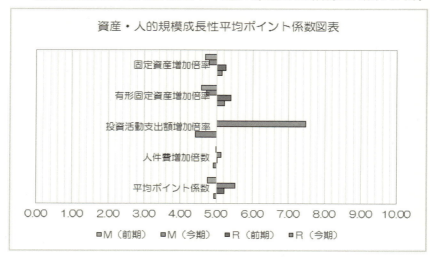

第26考 「成長性分析」からみた企業間比較のための企業評価を考える　151

**問26-2**　上記の「資産・人的規模成長性平均ポイント係数表」から企業間比較のための企業評価を行いなさい。

（解答記入欄）

※書ききれないときには、用紙を貼って付けたしてください

## 26.3　「資本規模成長性平均ポイント係数表」による企業間比較のための企業評価をどのように行うかを考えよう

「資本規模成長性」の企業間比較のための企業評価は、経営分析表から「資本規模成長性平均ポイント係数表」を作成して行います。

次に、M社とR社の経営分析表から「資本規模成長性平均ポイント係数表」と「資本規模成長性平均ポイント係数図表」を作成しています。

### 資本規模成長性平均ポイント係数表

|  | M社 | | | R社 | | |
|---|---|---|---|---|---|---|
|  | 前期 | 今期 | 増減 | 前期 | 今期 | 増減 |
| 総資本増加倍率 | 4.70 | 4.86 | +0.16 | 5.24 | 5.10 | △0.14 |
| 経営資本増加倍率 | 4.66 | 4.84 | +0.18 | 5.31 | 5.12 | △0.18 |
| 自己資本増加倍率 | 4.85 | 4.94 | +0.54 | 5.13 | 5.05 | △0.08 |
| 稼得資本増加倍率 | 4.78 | 4.77 | △0.01 | 5.80 | 5.69 | △0.11 |
| 平均ポイント係数 | 4.75 | 4.85 | +0.11 | 5.37 | 5.24 | △0.13 |

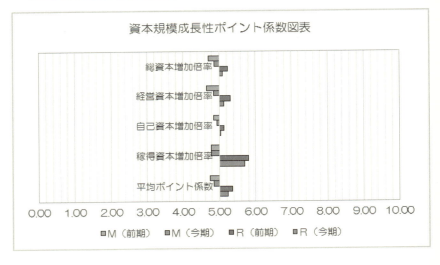

問26-3 上記の「資本規模成長性平均ポイント係数表」から企業間比較のための企業評価を行いなさい。

第 26 考 「成長性分析」からみた企業間比較のための企業評価を考える　153

（解答記入欄）

※書ききれないときには、用紙を貼って付けたしてください

## 26.4 「先行投資成長性平均ポイント係数表」による企業間比較のための企業評価をどのように行うかを考えよう

　「先行投資成長性」の企業間比較のための企業評価は、経営分析表から「先行投資成長性平均ポイント係数表」を作成して行います。

154

次に、M社とR社の経営分析表からとを「先行投資成長性平均ポイント係数表」と「先行投資成長性平均ポイント係数図表」を作成しています。

| 先行投資成長性平均ポイント係数表 | | | | | | |
|---|---|---|---|---|---|---|
| | M社 | | | R社 | | |
| | 前期 | 今期 | 増減 | 前期 | 今期 | 増減 |
| 広告宣伝費増加率※ | — | — | — | — | — | — |
| 研究開発費増加率※ | — | — | — | — | — | — |
| 無形固定資産増加率 | 5.22 | 5.12 | △0.01 | 4.94 | 4.97 | 0.02 |
| 平均ポイント係数 | 5.22 | 5.12 | △0.01 | 4.94 | 4.97 | 0.02 |

※広告宣伝費は両社とも未記載、研究開発費についてはR社では未記載のため、それぞれ除外しています。

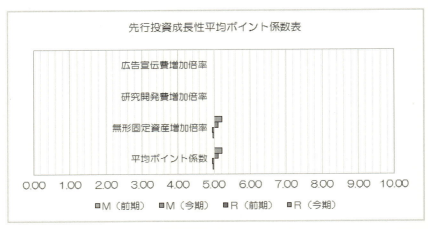

**問26-4** 上記の「先行投資成長性平均ポイント評価係数表」から企業間比較のための企業評価を行いなさい。

（解答記入欄）

※書ききれないときには、用紙を貼って付けたしてください

## 26.5 「利益成長性平均ポイント係数表」による企業間比較のための企業評価をどのように行うかを考えよう

「利益成長性」の企業間比較のための企業評価は、経営分析表から「利益成長性平均ポイント係数表」を作成して行います。
次に、M社とR社の経営分析表から「利益成長性平均ポイント係数表」と「利益成長性平均ポイント係数図表」を作成しています。

| 利益成長性平均ポイント係数表 | | | | | | |
|---|---|---|---|---|---|---|
| | M社 | | | R社 | | |
| | 前期 | 今期 | 増減 | 前期 | 今期 | 増減 |
| 売上総利益増加倍率 | 4.87 | 4.96 | +0.09 | 5.08 | 5.02 | △0.06 |
| 営業利益増加倍率 | 4.74 | 4.07 | △0.67 | 5.19 | 5.62 | +0.43 |
| 事業利益増加倍率 | 4.76 | 4.10 | △0.67 | 5.17 | 5.60 | +0.42 |
| 経常利益増加倍率 | 4.70 | 4.21 | △0.49 | 5.21 | 5.49 | +0.29 |
| 当期純利益増加倍率 | 3.63 | 4.38 | +0.75 | 5.93 | 5.26 | △0.67 |
| 営業キャッシュ・フロー増加倍率 | 5.24 | 4.41 | △0.83 | 4.80 | 5.52 | +0.72 |
| 平均ポイント係数 | 4.66 | 4.35 | △0.30 | 5.23 | 5.42 | +0.19 |

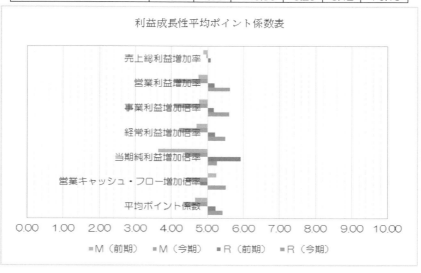

問26-5 上記の「利益成長性平均ポイント係数表」から企業間比較のための企業評価を行いなさい。

（解答記入欄）

※書ききれないときには、用紙を貼って付けたしてください

## 26.6 「成長性分析」全体としての企業間比較をどのように行うかを考えよう。

　成長性分析全体での企業間比較は、①売上高取引規模成長性、②資産・人的規模成長性、③資本規模成長性、④先行投資成長性および⑤利益成長性の５つ

の平均ポイント係数を合計し、その合計を「5」で単純平均化したものを記入した「成長性分析総合平均ポイント評価係数表」を作成して行います。総合平均ポイント評価係数の大小で、企業間比較を行うことになります。

次に、M社とR社の「平均ポイント価数係評表」から「成長性分析総合平均ポイント係数表」と「成長性総合平均ポイント係数図表」を作成しています。

| 成長性分析総合平均ポイント係数表 | | | | | | |
|---|---|---|---|---|---|---|
| | M社 | | | R社 | | |
| | 前期 | 今期 | 増減 | 前期 | 今期 | 増減 |
| 売上高取引規模成長性 | 4.85 | 4.98 | +0.13 | 5.10 | 5.01 | △0.09 |
| 資産・人的規模成長性 | 4.75 | 5.53 | +0.78 | 5.22 | 4.93 | △0.29 |
| 資本規模成長性 | 4.75 | 4.85 | +0.11 | 5.37 | 5.24 | △0.13 |
| 先行投資規模成長性 | 5.22 | 5.12 | △0.10 | 4.94 | 4.97 | +0.02 |
| 利益成長性 | 4.66 | 4.35 | △0.30 | 5.23 | 5.42 | +0.19 |
| 総合平均ポイント係数 | 4.82 | 4.97 | +0.12 | 5.17 | 5.11 | △0.06 |

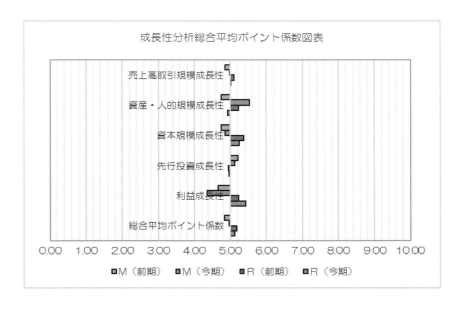

問26-6 上記の「成長性分析総合平均ポイント係数表」から企業間比較分析を行いなさい。

（解答記入欄）

※書ききれないときには、用紙を貼って付けたしてください

# 第27考
# 企業間比較のための企業全体総合評価を考える
―経営分析の最終段階―

　経営分析の最終段階では、企業間比較のための企業全体の総合評価を行います。企業全体の総合評価とは、企業ごとの良し悪し、また企業相互間の良し悪しの順位付けを行うことです。企業全体の総合評価は「企業全体総合平均ポイント係数表」を作成して行います。

## 27.1　「企業全体総合平均ポイント係数」の求め方と企業全体総合評価を考えよう

　この企業全体総合平均ポイント係数は、収益性分析、活動性分析、安全性分析、成長性分析のそれぞれで求めた4つの総合平均ポイント係数を合計して、それを「4」で割って単純平均ポイント係数を求めます。この計算は、「企業全体総合平均ポイント係数表」を作成して行われます。「企業全体総合平均ポイント係数表」には、前期の結果を示す「前期」欄、今期の結果を示す「今期」欄とその増減を示す「増減欄」を設け、期間比較もできるようにしています。

　この企業全体の総合係数が「5」を超えたときには平均値を上回っていて「良い」という企業評価になり、「5」を下回ったときには平均値を下回っていて「悪い」という企業評価となります。この評価係数を使用することで、企業の良し悪しのみならず企業相互間の良し悪しの順位づけを行うことができます。また、企業ごとに収益性分析、活動性分析、安全性分析、成長性分析の総合平均ポイント係数が記載されているので、企業にとってどの分析が強みになっていて、どの分析指標が弱みとなっているかが明確となます。

企業全体総合平均ポイント係数表を図表化したものを「企業全体総合平均ポイント係数図表」といいます。この図表は、「5」の平均ポイントを図の真中にすることで、右側に行くほど、「5」より高いことを意味し、左側に行くほど「5」より遠くなって低いことを意味しています。このことから収益性、活動性、安全性、成長性の相互間と、さらに企業間相互間の「良し悪し」の理解が一層明確になります。

次にM社とR社の「企業全体分析総合平均ポイント係数表」と「企業全体分析総合平均ポイント係数図表」を作成しています。

| 企業全体総合平均ポイント係数表 | | | | | | |
|---|---|---|---|---|---|---|
| | M社 | | | R社 | | |
| | 前期 | 今期 | 増減 | 前期 | 今期 | 増減 |
| 収益性分析 | 4.63 | 4.17 | △0.46 | 5.27 | 5.49 | +0.22 |
| 活動性分析 | 4.78 | 4.82 | +0.04 | 5.50 | 5.49 | △0.01 |
| 安全性分析 | 5.52 | 5.58 | +0.05 | 4.63 | 4.79 | +0.16 |
| 成長性分析 | 4.84 | 4.97 | +0.12 | 5.17 | 5.11 | △0.06 |
| 総合平均ポイント係数 | 4.95 | 4.88 | △0.06 | 5.14 | 5.22 | +0.08 |

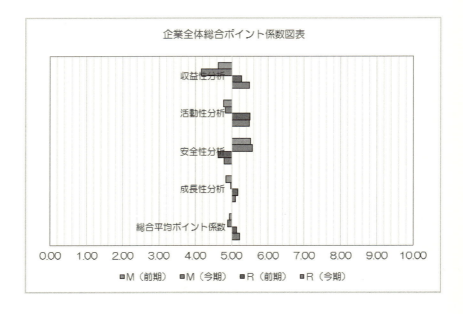

第 27 考　企業間比較のための企業全体総合評価を考える　*161*

**問 27-1**　上記の「企業全体総合平均ポイント係数表」から企業間比較のための企業評価を行いなさい。

（解答記入欄）

※書ききれないときには、用紙を貼って付けたしてください

# 資 料 編

[計算上の留意点] (資料1)と(資料2)の要約財務諸表分解表での期間比較での「増減率」と(資料3)経営分析表の「ポイント係数」の計算では、端数処理は小数第2位未満を四捨五入して表示しています。なお、経営分析表での期間比較での計算では、パソコン上端数処理はしない状態で連続計算しているため、電卓での手計算したときと、答えに若干の誤差が生じることがあります。

## (資料1) M会社の要約財務諸表分解表

### ① 要約連結貸借対照表分解表

( M 会社) 要約貸借対照表分解表

| | 前々期 百万円 | 前期 百万円 | 前期 構成比 | 今期 百万円 | 今期 構成比 | 期間比較 増減額 | 期間比較 増減率 |
|---|---|---|---|---|---|---|---|
| (資産の部) | | | | | | | |
| Ⅰ 流動資産合計 | 13,074 | 12,127 | 20.95 | 13,152 | 23.16 | 1,025 | 8.45 |
| 当座資産 | 8,076 | 8,225 | 14.21 | 9,071 | 15.97 | 846 | 10.29 |
| (うち現金預金) | 7,666 | 7,853 | 13.57 | 8,648 | 15.23 | 795 | 10.12 |
| (うち売上債権) | 410 | 372 | 0.64 | 423 | 0.74 | 51 | 13.71 |
| (うち有価証券) | 0 | 0 | 0.00 | 0 | 0.00 | 0 | 0.00 |
| (うち現金性資産) | 7,666 | 7,853 | 13.57 | 8,648 | 15.23 | 795 | 10.12 |
| 棚卸資産 | 3,508 | 2,444 | 4.22 | 2,726 | 4.80 | 282 | 11.54 |
| その他の流動資産 | 1,488 | 1,457 | 2.52 | 1,352 | 2.38 | △ 105 | △ 7.21 |
| Ⅱ 固定資産合計 | 49,174 | 45,762 | 79.06 | 43,638 | 76.84 | △ 2,124 | △ 4.64 |
| 有形固定資産合計 | 32,487 | 29,466 | 50.91 | 27,875 | 49.08 | △ 1,591 | △ 5.40 |
| (うち建設仮勘定) | 241 | 12 | 0.02 | 51 | 0.09 | 39 | 325.00 |
| 無形固定資産合計 | 203 | 209 | 0.36 | 195 | 0.34 | △ 14 | △ 6.70 |
| 投資その他の資産合計 | 16,483 | 16,076 | 27.78 | 15,567 | 27.41 | △ 509 | △ 3.17 |
| Ⅲ 繰延資産合計 | 0 | 0 | 0.00 | 0 | 0.00 | 0 | 0.00 |
| 総資産(資産合計) | 62,249 | 57,879 | 100.00 | 56,790 | 100.00 | △ 1,089 | △ 1.88 |
| (うち経営資本合計) | 45,525 | 41,791 | 72.20 | 41,172 | 72.50 | △ 619 | △ 1.48 |
| (負債の部) | | | | | | | |
| Ⅰ 流動負債合計 | 12,021 | 11,073 | 19.13 | 11,660 | 20.53 | 587 | 5.30 |
| (うち仕入債務) | 1,766 | 1,577 | 2.72 | 1,919 | 3.38 | 342 | 21.69 |
| (うち短期有利子負債) | 4,906 | 3,990 | 6.89 | 3,889 | 6.85 | △ 101 | △ 2.53 |
| Ⅱ 固定負債合計 | 16,902 | 13,286 | 22.95 | 11,443 | 20.15 | △ 1,843 | △ 13.87 |
| (うち長期有利子負債) | 15,469 | 11,833 | 20.44 | 9,980 | 17.57 | △ 1,853 | △ 15.66 |
| 他人資本(負債合計) | 28,924 | 24,360 | 42.09 | 23,104 | 40.68 | △ 1,256 | △ 5.16 |
| (うち有利子負債) | 20,375 | 15,823 | 27.34 | 13,869 | 24.42 | △ 1,954 | △ 12.35 |
| (純資産の部) | | | | | | | |
| Ⅰ 株主資本合計 | 33,339 | 33,552 | 57.97 | 33,709 | 59.36 | 157 | 0.47 |
| 払込資本 | 13,606 | 13,605 | 23.51 | 13,605 | 23.96 | 0 | 0.00 |
| (うち資本金) | 6,655 | 6,655 | 11.50 | 6,655 | 11.72 | 0 | 0.00 |
| 稼得資本(利益剰余金) | 19,733 | 19,946 | 34.46 | 20,104 | 35.40 | 158 | 0.79 |
| Ⅱ その他の包括利益累計額合計 | △ 14 | △ 33 | △ 0.06 | △ 23 | △ 0.04 | 10 | △ 30.30 |
| 自己資本合計 | 33,325 | 33,519 | 57.91 | 33,686 | 59.32 | 167 | 0.50 |
| Ⅲ その他の純資産合計 | 0 | 0 | 0.00 | 0 | 0.00 | 0 | 0.00 |
| 純資産合計 | 33,325 | 33,519 | 57.91 | 33,685 | 59.32 | 166 | 0.50 |
| 総資本(負債純資産合計) | 62,249 | 57,879 | 100.00 | 56,790 | 100.00 | △ 1,089 | △ 1.88 |
| (うち長期資本合計) | 50,227 | 46,805 | 80.87 | 45,129 | 79.47 | △ 1,676 | △ 3.58 |

## ② 要約損益計算書分解表

| ( M 会社) | | 要約損益計算書分解表 | | | | | |
|---|---|---|---|---|---|---|---|
| | | 前々期 | 前期 | | 今期 | | 期間比較 | |
| | | 百万円 | 百万円 | 構成比 | 百万円 | 構成比 | 増減額 | 増減率 |
| I | 売上高 | 79,091 | 78,939 | 100.00 | 81,104 | 100.00 | 2,165 | 2.74 |
| II | 売上原価 | 26,798 | 26,777 | 33.92 | 27,836 | 34.32 | 1,059 | 3.95 |
| | 売上総利益 | 52,293 | 52,162 | 66.08 | 53,267 | 65.68 | 1,105 | 2.12 |
| III | 販売費及び一般管理費合計 | 50,365 | 49,815 | 63.11 | 51,121 | 63.03 | 1,306 | 2.62 |
| | (うち広告宣伝費) | 0 | 0 | 0.00 | 0 | 0.00 | 0 | 0.00 |
| | (うち人件費) | 22,767 | 23,184 | 29.37 | 24,617 | 30.35 | 1,433 | 6.18 |
| | (うち減価償却費) | 3,607 | 3,084 | 3.91 | 2,642 | 3.26 | △ 442 | △ 14.33 |
| | (うち研究開発費) | 4 | 5 | 0.01 | 5 | 0.01 | 0 | 0.00 |
| | 営業利益 | 1,927 | 2,347 | 2.97 | 2,145 | 2.64 | △ 202 | △ 8.61 |
| IV | 営業外収益合計 | 487 | 460 | 0.58 | 500 | 0.62 | 40 | 8.70 |
| | (うち金融収益) | 40 | 42 | 0.05 | 37 | 0.05 | △ 5 | △ 11.90 |
| V | 営業外費用合計 | 464 | 455 | 0.58 | 451 | 0.56 | △ 4 | △ 0.88 |
| | (うち金融費用) | 205 | 194 | 0.25 | 153 | 0.19 | △ 41 | △ 21.13 |
| | 経常利益 | 1,950 | 2,352 | 2.98 | 2,194 | 2.71 | △ 158 | △ 6.72 |
| VI | 特別利益合計 | 152 | 131 | 0.17 | 52 | 0.06 | △ 79 | △ 60.31 |
| VII | 特別損失合計 | 350 | 673 | 0.85 | 611 | 0.75 | △ 62 | △ 9.21 |
| | 税引前当期純利益 | 1,752 | 1,810 | 2.29 | 1,634 | 2.01 | △ 176 | △ 9.72 |
| | 法人税等 | 982 | 1,120 | 1.42 | 988 | 1.22 | △ 132 | △ 11.79 |
| | 少数株主利益 | 770 | 690 | 0.87 | 645 | 0.80 | △ 45 | △ 6.52 |
| | 当期純利益 | 770 | 690 | 0.87 | 645 | 0.80 | △ 45 | △ 6.52 |
| | (事業利益) | 1,967 | 2,389 | 3.03 | 2,182 | 2.69 | △ 207 | △ 8.66 |
| | (変動費) | 26,798 | 26,777 | 33.92 | 27,836 | 34.32 | 1,059 | 3.95 |
| | (限界利益) | 52,293 | 52,162 | 66.08 | 53,267 | 65.68 | 1,105 | 2.12 |
| | (固定費) | 50,342 | 49,810 | 63.10 | 51,072 | 62.97 | 1,262 | 2.53 |

## ③ 要約キャッシュ・フロー計算書分解表

| ( M 会社) | | 要約キャッシュ・フロー計算書分解表 | | | | | | |
|---|---|---|---|---|---|---|---|---|
| | | 前々期 | 前期 | | 今期 | | 期間比較 | |
| | | 百万円 | 百万円 | 構成比 | 百万円 | 構成比 | 増減額 | 増減率 |
| I | 営業キャッシュ・フロー | 4,895 | 6,527 | 100.00 | 5,800 | 100.00 | △ 727 | △ 11.14 |
| | (うち税引前当期純利益) | 1,752 | 1,810 | 27.73 | 1,634 | 28.17 | △ 176 | △ 9.72 |
| | (うち減価償却費) | 4,431 | 3,860 | 59.14 | 3,416 | 58.90 | △ 444 | △ 11.50 |
| | (うち運転資金減少額) | 0 | 1,099 | 16.84 | 332 | 5.72 | △ 767 | △ 0.70 |
| | (うち運転資金増加額) | 2,422 | 190 | 2.91 | 320 | 5.52 | 130 | 68.42 |
| II | 投資キャッシュ・フロー | △ 7,724 | △ 1,082 | △ 16.58 | △ 1,975 | △ 34.05 | △ 893 | 82.53 |
| | (うち投資活動支出額) | 8,335 | 1,442 | 22.09 | 2,139 | 36.88 | 697 | 48.34 |
| | フリー・キャッシュ・フロー | △ 3,440 | 5,085 | 77.91 | 3,661 | 63.12 | △ 1,424 | △ 28.00 |
| | (うち投資活動収入額) | 612 | 360 | 5.52 | 164 | 2.83 | △ 196 | △ 54.44 |
| III | 財務キャッシュ・フロー | 3,639 | △ 5,259 | △ 80.57 | △ 3,058 | △ 52.72 | 2,201 | △ 41.85 |
| | (うち財務活動支出額) | 13,167 | 8,006 | 122.66 | 6,965 | 120.09 | △ 1,041 | △ 13.00 |
| | (うち財務活動収入額) | 16,809 | 2,748 | 42.10 | 3,908 | 67.38 | 1,160 | 42.21 |
| | キャッシュ・フロー増減額 | 812 | 188 | 2.88 | 770 | 13.28 | 582 | 309.57 |
| | 現金及び現金同等物の期首残高 | 3,647 | 4,459 | 68.32 | 4,648 | 80.14 | 189 | 4.24 |
| | 現金及び現金同等物の期末残高 | 4,459 | 4,648 | 71.21 | 5,456 | 94.07 | 808 | 17.38 |

## (資料2) R会社の要約財務諸表分解表

### ① 要約貸借対照表分解表

| ( R 会社) | 前々期 | 前期 | | 今期 | | 期間比較 | |
|---|---|---|---|---|---|---|---|
| | 百万円 | 百万円 | 構成比 | 百万円 | 構成比 | 増減額 | 増減率 |
| (資産の部) | | | | | | | |
| I 流動資産合計 | 15,833 | 15,877 | 19.95 | 16,755 | 20.45 | 878 | 5.53 |
| 当座資産 | 9,462 | 9,612 | 12.08 | 10,106 | 12.34 | 494 | 5.14 |
| (うち現金預金) | 4,964 | 4,851 | 6.10 | 4,725 | 5.77 | △ 126 | △ 2.60 |
| (うち売上債権) | 4,498 | 4,761 | 5.98 | 5,381 | 6.57 | 620 | 13.02 |
| (うち有価証券) | 0 | 0 | 0.00 | 0 | 0.00 | 0 | 0.00 |
| (うち現金性資産) | 4,964 | 4,851 | 6.10 | 4,725 | 5.77 | △ 126 | △ 2.60 |
| 棚卸資産 | 1,884 | 2,003 | 2.52 | 2,287 | 2.79 | 284 | 14.18 |
| その他の流動資産 | 4,536 | 4,262 | 5.36 | 4,360 | 5.32 | 98 | 2.30 |
| II 固定資産合計 | 60,875 | 63,705 | 80.05 | 65,160 | 79.54 | 1,455 | 2.28 |
| 有形固定資産合計 | 34,202 | 36,575 | 45.96 | 38,303 | 46.76 | 1,728 | 4.72 |
| (うち建設仮勘定) | 22 | 57 | 0.07 | 314 | 0.38 | 257 | 450.88 |
| 無形固定資産合計 | 789 | 770 | 0.97 | 697 | 0.85 | △ 73 | △ 9.48 |
| 投資その他の資産合計 | 25,882 | 26,359 | 33.12 | 26,159 | 31.93 | △ 200 | △ 0.76 |
| III 繰延資産合計 | 0 | 0 | 0.00 | 0 | 0.00 | 0 | 0.00 |
| 総資産(資産合計) | 76,759 | 79,583 | 100.00 | 81,916 | 100.00 | 2,333 | 2.93 |
| (うち経営資本合計) | 50,855 | 53,167 | 66.81 | 55,443 | 67.68 | 2,276 | 4.28 |
| (負債の部) | | | | | | | |
| I 流動負債合計 | 18,665 | 17,046 | 21.42 | 16,531 | 20.18 | △ 515 | △ 3.02 |
| (うち仕入債務) | 3,255 | 3,372 | 4.24 | 3,736 | 4.56 | 364 | 10.79 |
| (うち短期有利子負債) | 6,116 | 4,710 | 5.92 | 3,054 | 3.73 | △ 1,656 | △ 35.16 |
| II 固定負債合計 | 17,351 | 19,199 | 24.12 | 20,796 | 25.39 | 1,597 | 8.32 |
| (うち長期有利子負債) | 13,486 | 15,193 | 19.09 | 16,358 | 19.97 | 1,165 | 7.67 |
| 他人資本(負債合計) | 36,017 | 36,245 | 45.54 | 37,327 | 45.57 | 1,082 | 2.99 |
| (うち有利子負債) | 19,602 | 19,903 | 25.01 | 19,412 | 23.70 | △ 491 | △ 2.47 |
| (純資産の部) | | | | | | | |
| I 株主資本合計 | 39,981 | 41,180 | 51.74 | 42,497 | 51.88 | 1,317 | 3.20 |
| 払込資本 | 34,660 | 34,659 | 43.55 | 34,658 | 42.31 | △ 1 | △ 0.00 |
| (うち資本金) | 13,676 | 13,676 | 17.18 | 13,676 | 16.70 | 0 | 0.00 |
| 稼得資本(利益剰余金) | 5,320 | 6,521 | 8.19 | 7,839 | 9.57 | 1,318 | 20.21 |
| II その他包括利益累計額合計 | 154 | 1,548 | 1.95 | 1,407 | 1.72 | △ 141 | △ 9.11 |
| 自己資本合計 | 40,135 | 42,728 | 53.69 | 43,904 | 53.60 | 1,176 | 2.75 |
| III その他の純資産合計 | 605 | 609 | 0.77 | 684 | 0.84 | 75 | 12.32 |
| 純資産合計 | 40,741 | 43,338 | 54.46 | 44,588 | 54.43 | 1,250 | 2.88 |
| 総資本(負債純資産合計) | 76,759 | 79,583 | 100.00 | 81,916 | 100.00 | 2,333 | 2.93 |
| (うち長期資本合計) | 57,486 | 61,927 | 77.81 | 64,700 | 78.98 | 2,773 | 4.48 |

資料編　165

## ② 要約損益計算書分解表

(R 会社) 要約損益計算書分解表

| | | 前々期 | 前期 | | 今期 | | 期間比較 | |
|---|---|---|---|---|---|---|---|---|
| | | 百万円 | 百万円 | 構成比 | 百万円 | 構成比 | 増減額 | 増減率 |
| I | 売上高 | 114,957 | 120,730 | 100.00 | 124,856 | 100.00 | 4,126 | 3.42 |
| II | 売上原価 | 35,817 | 38,350 | 31.77 | 39,697 | 31.79 | 1,347 | 3.51 |
| | 売上総利益 | 79,139 | 82,379 | 68.23 | 85,159 | 68.21 | 2,780 | 3.37 |
| III | 販売費及び一般管理費合計 | 76,516 | 78,881 | 65.34 | 80,741 | 64.67 | 1,860 | 2.36 |
| | (うち広告宣伝費) | 0 | 0 | 0.00 | 0 | 0.00 | 0 | 0.00 |
| | (うち人件費) | 32,418 | 33,075 | 27.40 | 33,679 | 26.97 | 604 | 1.83 |
| | (うち減価償却費) | 3,740 | 3,822 | 3.17 | 4,057 | 3.25 | 235 | 6.15 |
| | (うち研究開発費) | 0 | 0 | 0.00 | 0 | 0.00 | 0 | 0.00 |
| | 営業利益 | 2,623 | 3,498 | 2.90 | 4,417 | 3.54 | 919 | 26.27 |
| IV | 営業外収益合計 | 707 | 761 | 0.63 | 676 | 0.54 | △ 85 | △ 11.17 |
| | (うち金融収益) | 131 | 134 | 0.11 | 115 | 0.09 | △ 19 | △ 14.18 |
| V | 営業外費用合計 | 512 | 499 | 0.41 | 514 | 0.41 | 15 | 3.01 |
| | (うち金融費用) | 445 | 406 | 0.34 | 437 | 0.35 | 31 | 7.64 |
| | 経常利益 | 2,817 | 3,761 | 3.12 | 4,579 | 3.67 | 818 | 21.75 |
| VI | 特別利益合計 | 137 | 210 | 0.17 | 85 | 0.07 | △ 125 | △ 59.52 |
| VII | 特別損失合計 | 646 | 675 | 0.56 | 782 | 0.63 | 107 | 15.85 |
| | 税引前当期純利益 | 2,308 | 3,296 | 2.73 | 3,882 | 3.11 | 586 | 17.78 |
| | 法人税等 | 1,128 | 1,562 | 1.29 | 1,903 | 1.52 | 341 | 21.83 |
| | 少数株主利益 | 42 | 71 | 0.06 | 112 | 0.09 | 41 | 57.75 |
| | 当期純利益 | 1,137 | 1,663 | 1.38 | 1,866 | 1.49 | 203 | 12.21 |
| | (事業利益) | 2,754 | 3,632 | 3.01 | 4,532 | 3.63 | 900 | 24.78 |
| | (変動費) | 35,817 | 38,350 | 31.77 | 39,697 | 31.79 | 1,347 | 3.51 |
| | (限界利益) | 79,139 | 82,379 | 68.23 | 85,159 | 68.21 | 2,780 | 3.37 |
| | (固定費) | 76,321 | 78,619 | 65.12 | 80,579 | 64.54 | 1,960 | 2.49 |

## ③ 要約キャッシュ・フロー計算書分解表

(R 会社) 要約キャッシュ・フロー計算書分解表

| | | 前々期 | 前期 | | 今期 | | 期間比較 | |
|---|---|---|---|---|---|---|---|---|
| | | 百万円 | 百万円 | 構成比 | 百万円 | 構成比 | 増減額 | 増減率 |
| I | 営業キャッシュ・フロー | 6,038 | 7,377 | 100.00 | 8,206 | 100.00 | 829 | 11.24 |
| | (うち税引前当期純利益) | 2,308 | 3,296 | 44.68 | 3,882 | 47.31 | 586 | 17.78 |
| | (うち減価償却費) | 4,203 | 4,282 | 58.05 | 4,519 | 55.07 | 237 | 5.53 |
| | (うち運転資金減少額) | 25 | 117 | 1.59 | 363 | 4.42 | 246 | 210.26 |
| | (うち運転資金増加額) | 480 | 381 | 5.16 | 904 | 11.02 | 523 | 137.27 |
| II | 投資キャッシュ・フロー | △ 1,964 | △ 5,453 | △ 73.92 | △ 4,931 | △ 60.09 | 522 | △ 9.57 |
| | (うち投資活動支出額) | 3,649 | 6,220 | 84.32 | 5,470 | 66.66 | △ 750 | △ 12.06 |
| | フリー・キャッシュ・フロー | 2,389 | 1,157 | 15.68 | 2,736 | 33.34 | 1,579 | 136.47 |
| | (うち投資活動収入額) | 1,686 | 769 | 10.42 | 538 | 6.56 | △ 231 | △ 30.04 |
| III | 財務キャッシュ・フロー | △ 4,480 | △ 2,031 | △ 27.53 | △ 3,395 | △ 41.37 | △ 1,364 | 67.16 |
| | (うち財務活動支出額) | 6,178 | 6,818 | 92.42 | 5,393 | 65.72 | △ 1,425 | △ 20.90 |
| | (うち財務活動収入額) | 1,700 | 4,789 | 64.92 | 2,000 | 24.37 | △ 2,789 | △ 58.24 |
| | キャッシュ・フロー増減額 | △ 406 | △ 107 | △ 1.45 | △ 120 | △ 1.46 | △ 13 | 12.15 |
| | 現金及び現金同等物の期首残高 | 5,370 | 4,964 | 67.29 | 4,857 | 59.19 | △ 107 | △ 2.16 |
| | 現金及び現金同等物の期末残高 | 4,964 | 4,857 | 65.84 | 4,736 | 57.71 | △ 121 | △ 2.49 |

## (資料3) 経営分析表（その1）－収益性分析①

| | | 会社名 | 前期 | | | | 今期 | | | | 期間比較 |
| | | | 計算式 | | 算定値 | ポイント係数 | 計算式 | | 算定値 | ポイント係数 | 上段（算定値）<br>下段（係数） |
|---|---|---|---|---|---|---|---|---|---|---|---|
| Ⅰ 収益性分析 | 資本利益率の分析 | | | | | | | | | | |
| | | **総資本売上総利益率 (%)** | | | | | | | | | |
| | | M社 | 52,162 / 57,879 | ×100 | 90.12 | 4.60 | 53,267 / 56,790 | ×100 | 93.80 | 4.70 | 3.67 / 0.10 |
| | | R社 | 82,379 / 79,583 | ×100 | 103.51 | 5.29 | 85,159 / 81,916 | ×100 | 103.96 | 5.21 | 0.45 / △0.08 |
| | | 平均 | 134,541 / 137,462 | ×100 | 97.88 | 5.00 | 138,426 / 138,706 | ×100 | 99.80 | 5.00 | 1.92 / 0.00 |
| | | **総資本営業利益率 (%)** | | | | | | | | | |
| | | M社 | 2,347 / 57,879 | ×100 | 4.06 | 4.77 | 2,145 / 56,790 | ×100 | 3.78 | 3.99 | △0.28 / △0.78 |
| | | R社 | 3,498 / 79,583 | ×100 | 4.40 | 5.17 | 4,417 / 81,916 | ×100 | 5.39 | 5.70 | 1.00 / 0.53 |
| | | 平均 | 5,845 / 137,462 | ×100 | 4.25 | 5.00 | 6,562 / 138,706 | ×100 | 4.73 | 5.00 | 0.48 / 0.00 |
| | | **総資本事業利益率 (%)** | | | | | | | | | |
| | | M社 | 2,389 / 57,879 | ×100 | 4.13 | 4.71 | 2,182 / 56,790 | ×100 | 3.84 | 3.97 | △0.29 / △0.74 |
| | | R社 | 3,632 / 79,583 | ×100 | 4.56 | 5.21 | 4,532 / 81,916 | ×100 | 5.53 | 5.71 | 0.97 / 0.51 |
| | | 平均 | 6,021 / 137,462 | ×100 | 4.38 | 5.00 | 6,714 / 138,706 | ×100 | 4.84 | 5.00 | 0.46 / 0.00 |
| | | **総資本経常利益率 (%)** | | | | | | | | | |
| | | M社 | 2,352 / 57,879 | ×100 | 4.06 | 4.57 | 2,194 / 56,790 | ×100 | 3.86 | 3.96 | △0.20 / △0.61 |
| | | R社 | 3,761 / 79,583 | ×100 | 4.73 | 5.31 | 4,579 / 81,916 | ×100 | 5.59 | 5.72 | 0.86 / 0.41 |
| | | 平均 | 6,113 / 137,462 | ×100 | 4.45 | 5.00 | 6,773 / 138,706 | ×100 | 4.88 | 5.00 | 0.44 / 0.00 |
| | | **総資本当期純利益率 (%)** | | | | | | | | | |
| | | M社 | 690 / 57,879 | ×100 | 1.19 | 3.48 | 645 / 56,790 | ×100 | 1.14 | 3.14 | △0.06 / △0.35 |
| | | R社 | 1,663 / 79,583 | ×100 | 2.09 | 6.10 | 1,866 / 81,916 | ×100 | 2.28 | 6.29 | 0.19 / 0.19 |
| | | 平均 | 2,353 / 137,462 | ×100 | 1.71 | 5.00 | 2,511 / 138,706 | ×100 | 1.81 | 5.00 | 0.10 / 0.00 |
| | | **経営資本営業利益率 (%)** | | | | | | | | | |
| | | M社 | 2,347 / 41,791 | ×100 | 5.62 | 5.68 | 2,145 / 41,172 | ×100 | 5.21 | 3.84 | △0.41 / △1.85 |
| | | R社 | 2,347 / 53,167 | ×100 | 4.41 | 4.47 | 4,417 / 55,443 | ×100 | 7.97 | 5.86 | 3.55 / 1.40 |
| | | 平均 | 4,694 / 94,958 | ×100 | 4.94 | 5.00 | 6,562 / 96,615 | ×100 | 6.79 | 5.00 | 1.85 / 0.00 |
| | | **自己資本経常利益率 (%)** | | | | | | | | | |
| | | M社 | 2,352 / 33,519 | ×100 | 7.02 | 4.38 | 2,194 / 33,686 | ×100 | 6.51 | 3.73 | △0.50 / △0.65 |
| | | R社 | 3,761 / 42,728 | ×100 | 8.80 | 5.49 | 4,579 / 43,904 | ×100 | 10.43 | 5.97 | 1.63 / 0.48 |
| | | 平均 | 6,113 / 76,247 | ×100 | 8.02 | 5.00 | 6,773 / 77,590 | ×100 | 8.73 | 5.00 | 0.71 / 0.00 |
| | | **自己資本当期純利益率 (%)** | | | | | | | | | |
| | | M社 | 690 / 33,519 | ×100 | 2.06 | 3.34 | 645 / 33,686 | ×100 | 1.91 | 2.96 | △0.14 / △0.38 |
| | | R社 | 1,663 / 42,728 | ×100 | 3.89 | 6.31 | 1,866 / 43,904 | ×100 | 4.25 | 6.57 | 0.36 / 0.26 |
| | | 平均 | 2,353 / 76,247 | ×100 | 3.09 | 5.00 | 2,511 / 77,590 | ×100 | 3.24 | 5.00 | 0.15 / 0.00 |

## (資料3) 経営分析表（その2）－収益性分析②

| | 指標名 | 会社名 | 前期 計算式 | 算定値 | ポイント係数 | 今期 計算式 | 算定値 | ポイント係数 | 期間比較 上段(算定値)／下段(係数) |
|---|---|---|---|---|---|---|---|---|---|
| I 収益性分析 | 資本利益率の分析 | | | | | | | | |
| | 払込資本当期純利益率(%) | M社 | 690／13,605 ×100 | 5.07 | 5.20 | 645／13,605 ×100 | 4.74 | 4.56 | △0.33／△0.65 |
| | | R社 | 1,663／34,659 ×100 | 4.80 | 4.92 | 1,866／34,658 ×100 | 5.38 | 5.17 | 0.59／0.25 |
| | | 平均 | 2,353／48,264 ×100 | 4.88 | 5.00 | 2,511／48,263 ×100 | 5.20 | 5.00 | 0.33／0.00 |
| | 売上高利益率の分析 | | | | | | | | |
| | 売上総利益率(%) | M社 | 52,162／78,939 ×100 | 66.08 | 4.90 | 53,267／81,104 ×100 | 65.68 | 4.89 | △0.40／△0.02 |
| | | R社 | 82,379／120,730 ×100 | 68.23 | 5.06 | 85,159／124,856 ×100 | 68.21 | 5.06 | △0.03／△0.00 |
| | | 平均 | 134,541／199,669 ×100 | 67.38 | 5.00 | 138,426／205,960 ×100 | 67.21 | 5.00 | △0.17／0.00 |
| | 営業利益率(%) | M社 | 2,347／78,939 ×100 | 2.97 | 5.08 | 2,145／81,104 ×100 | 2.64 | 4.15 | △0.33／△0.93 |
| | | R社 | 3,498／120,730 ×100 | 2.90 | 4.95 | 4,417／124,856 ×100 | 3.54 | 5.55 | 0.64／0.60 |
| | | 平均 | 5,845／199,669 ×100 | 2.93 | 5.00 | 6,562／205,960 ×100 | 3.19 | 5.00 | 0.26／0.00 |
| | 事業利益率(%) | M社 | 2,389／78,939 ×100 | 3.03 | 5.02 | 2,182／81,104 ×100 | 2.69 | 4.13 | △0.34／△0.89 |
| | | R社 | 3,632／120,730 ×100 | 3.01 | 4.99 | 4,532／124,856 ×100 | 3.63 | 5.57 | 0.62／0.58 |
| | | 平均 | 6,021／199,669 ×100 | 3.02 | 5.00 | 6,714／205,960 ×100 | 3.26 | 5.00 | 0.24／0.00 |
| | 経常利益率(%) | M社 | 2,352／78,939 ×100 | 2.98 | 4.87 | 2,194／81,104 ×100 | 2.71 | 4.11 | △0.27／△0.75 |
| | | R社 | 3,761／120,730 ×100 | 3.12 | 5.09 | 4,579／124,856 ×100 | 3.67 | 5.58 | 0.55／0.49 |
| | | 平均 | 6,113／199,669 ×100 | 3.06 | 5.00 | 6,773／205,960 ×100 | 3.29 | 5.00 | 0.23／0.00 |
| | 当期純利益率(%) | M社 | 690／78,939 ×100 | 0.87 | 3.71 | 645／81,104 ×100 | 0.80 | 3.26 | △0.08／△0.45 |
| | | R社 | 1,663／120,730 ×100 | 1.38 | 5.84 | 1,866／124,856 ×100 | 1.49 | 6.13 | 0.12／0.28 |
| | | 平均 | 2,353／199,669 ×100 | 1.18 | 5.00 | 2,511／205,960 ×100 | 1.22 | 5.00 | 0.04／0.00 |
| | 売上高費用率とその他売上高損益比率の分析① | | | | | | | | |
| | 売上原価率(%) | M社 | 26,777／78,939 ×100 | 33.92 | 5.20 | 27,836／81,104 ×100 | 34.32 | 5.23 | 0.40／0.03 |
| | | R社 | 38,350／120,730 ×100 | 31.77 | 4.87 | 39,697／124,856 ×100 | 31.79 | 4.85 | 0.03／-0.02 |
| | | 平均 | 65,127／199,669 ×100 | 32.62 | 5.00 | 67,533／205,960 ×100 | 32.79 | 5.00 | 0.17／0.00 |
| | 販売費及び一般管理費率(%) | M社 | 49,815／78,939 ×100 | 63.11 | 4.90 | 51,121／81,104 ×100 | 63.03 | 4.92 | -0.07／0.03 |
| | | R社 | 78,881／120,730 ×100 | 65.34 | 5.07 | 80,741／124,856 ×100 | 64.67 | 5.05 | -0.67／-0.02 |
| | | 平均 | 128,696／199,669 ×100 | 64.45 | 5.00 | 131,862／205,960 ×100 | 64.02 | 5.00 | -0.43／0.00 |

## (資料3) 経営分析表 (その3) －収益性分析③

| | 指標名 | 会社名 | 前期 計算式 | | 算定値 | ポイント係数 | 今期 計算式 | | 算定値 | ポイント係数 | 期間比較 上段(算定値) 下段(係数) |
|---|---|---|---|---|---|---|---|---|---|---|---|
| Ⅰ 収益性分析 | 広告宣伝費率(%) | M社 | －<br>78,939 | ×100 | #VALUE! | #VALUE! | －<br>81,104 | ×100 | #VALUE! | ##### | #VALUE!<br>#VALUE! |
| | | R社 | －<br>120,730 | ×100 | #VALUE! | #VALUE! | －<br>124,856 | ×100 | #VALUE! | ##### | #VALUE!<br>#VALUE! |
| | | 平均 | #VALUE!<br>199,669 | ×100 | #VALUE! | 5.00 | #VALUE!<br>205,960 | ×100 | #VALUE! | 5.00 | #VALUE!<br>0.00 |
| | 人件費率(%) | M社 | 23,184<br>78,939 | ×100 | 29.37 | 5.21 | 24,617<br>81,104 | ×100 | 30.35 | 5.36 | 0.98<br>0.15 |
| | | R社 | 33,075<br>120,730 | ×100 | 27.40 | 4.86 | 33,679<br>124,856 | ×100 | 26.97 | 4.77 | -0.42<br>-0.10 |
| | | 平均 | 56,259<br>199,669 | ×100 | 28.18 | 5.00 | 58,296<br>205,960 | ×100 | 28.30 | 5.00 | 0.13<br>0.00 |
| | 減価償却費率(%) | M社 | 3,084<br>78,939 | ×100 | 3.91 | 5.65 | 2,642<br>81,104 | ×100 | 3.26 | 5.01 | -0.65<br>-0.64 |
| | | R社 | 3,822<br>120,730 | ×100 | 3.17 | 4.58 | 4,057<br>124,856 | ×100 | 3.25 | 5.00 | 0.08<br>0.42 |
| | | 平均 | 6,906<br>199,669 | ×100 | 3.46 | 5.00 | 6,699<br>205,960 | ×100 | 3.25 | 5.00 | -0.21<br>0.00 |
| | 研究開発費率(%) | M社 | 5<br>78,939 | ×100 | 0.01 | #VALUE! | 5<br>81,104 | ×100 | 0.01 | ##### | 0.00<br>#VALUE! |
| | | R社 | －<br>120,730 | ×100 | #VALUE! | #VALUE! | －<br>124,856 | ×100 | #VALUE! | ##### | #VALUE!<br>#VALUE! |
| | | 平均 | #VALUE!<br>199,669 | ×100 | #VALUE! | 5.00 | #VALUE!<br>205,960 | ×100 | #VALUE! | 5.00 | #VALUE!<br>0.00 |
| | 営業外収益率(%) | M社 | 460<br>78,939 | ×100 | 0.58 | 4.76 | 500<br>81,104 | ×100 | 0.62 | 5.40 | 0.03<br>0.63 |
| | | R社 | 761<br>120,730 | ×100 | 0.63 | 5.15 | 676<br>124,856 | ×100 | 0.54 | 4.74 | -0.09<br>-0.41 |
| | | 平均 | 1,221<br>199,669 | ×100 | 0.61 | 5.00 | 1,176<br>205,960 | ×100 | 0.57 | 5.00 | -0.04<br>0.00 |
| | 金融収益率(%) | M社 | 42<br>78,939 | ×100 | 0.05 | 3.02 | 37<br>81,104 | ×100 | 0.05 | 3.09 | -0.01<br>0.07 |
| | | R社 | 134<br>120,730 | ×100 | 0.11 | 6.30 | 115<br>124,856 | ×100 | 0.09 | 6.24 | -0.02<br>-0.06 |
| | | 平均 | 176<br>199,669 | ×100 | 0.09 | 5.00 | 152<br>205,960 | ×100 | 0.07 | 5.00 | -0.01<br>0.00 |
| | 営業外費用率(%) | M社 | 455<br>78,939 | ×100 | 0.58 | 6.03 | 451<br>81,104 | ×100 | 0.56 | 5.93 | -0.02<br>-0.10 |
| | | R社 | 499<br>120,730 | ×100 | 0.41 | 4.33 | 514<br>124,856 | ×100 | 0.41 | 4.39 | 0.00<br>0.07 |
| | | 平均 | 954<br>199,669 | ×100 | 0.48 | 5.00 | 965<br>205,960 | ×100 | 0.47 | 5.00 | -0.01<br>0.00 |
| | 金融費用率(%) | M社 | 194<br>78,939 | ×100 | 0.25 | 4.09 | 153<br>81,104 | ×100 | 0.19 | 3.29 | -0.06<br>-0.80 |
| | | R社 | 406<br>120,730 | ×100 | 0.34 | 5.60 | 437<br>124,856 | ×100 | 0.35 | 6.11 | 0.01<br>0.51 |
| | | 平均 | 600<br>199,669 | ×100 | 0.30 | 5.00 | 590<br>205,960 | ×100 | 0.29 | 5.00 | -0.01<br>0.00 |

(売上高費用率とその他売上高損益比率の分析②)

## (資料3) 経営分析表(その4)－収益性分析④

経営分析表(No.4) －収益性の分析④－

| | 指標名 | 会社名 | 前期 計算式 | 前期 算定値 | 前期 ポイント係数 | 今期 計算式 | 今期 算定値 | 今期 ポイント係数 | 期間比較 上段(値) 下段(係数) |
|---|---|---|---|---|---|---|---|---|---|
| Ⅰ 収益性分析 | 売上高費用率とその他売上高損益比率の分析② | | | | | | | | |
| | 純金融費用率(%) | M社 | 152 / 78,939 ×100 | 0.19 | 4.53 | 116 / 81,104 ×100 | 0.14 | 3.36 | -0.05 / -1.17 |
| | | R社 | 272 / 120,730 ×100 | 0.23 | 5.30 | 322 / 124,856 ×100 | 0.26 | 6.06 | 0.03 / 0.76 |
| | | 平均 | 424 / 199,669 ×100 | 0.21 | 5.00 | 438 / 205,960 ×100 | 0.21 | 5.00 | 0.00 / 0.00 |
| | 特別利益率(%) | M社 | 131 / 78,939 ×100 | 0.17 | 4.86 | 52 / 81,104 ×100 | 0.06 | 4.82 | -0.10 / -0.04 |
| | | R社 | 210 / 120,730 ×100 | 0.17 | 5.09 | 85 / 124,856 ×100 | 0.07 | 5.12 | -0.11 / 0.02 |
| | | 平均 | 341 / 199,669 ×100 | 0.17 | 5.00 | 137 / 205,960 ×100 | 0.07 | 5.00 | -0.10 / 0.00 |
| | 特別損失率(%) | M社 | 673 / 78,939 ×100 | 0.85 | 6.31 | 611 / 81,104 ×100 | 0.75 | 5.57 | -0.10 / -0.74 |
| | | R社 | 675 / 120,730 ×100 | 0.56 | 4.14 | 782 / 124,856 ×100 | 0.63 | 4.63 | 0.07 / 0.49 |
| | | 平均 | 1,348 / 199,669 ×100 | 0.68 | 5.00 | 1,393 / 205,960 ×100 | 0.68 | 5.00 | 0.00 / 0.00 |
| | 法人税等率(%) | M社 | 1,120 / 78,939 ×100 | 1.42 | 5.28 | 988 / 81,104 ×100 | 1.22 | 4.34 | -0.20 / -0.94 |
| | | R社 | 1,562 / 120,730 ×100 | 1.29 | 4.82 | 1,903 / 124,856 ×100 | 1.52 | 5.43 | 0.23 / 0.61 |
| | | 平均 | 2,682 / 199,669 ×100 | 1.34 | 5.00 | 2,891 / 205,960 ×100 | 1.40 | 5.00 | 0.06 / 0.00 |
| | 費用対収益貢献度の分析 | | | | | | | | |
| | 売上原価貢献度倍率(倍) | M社 | 78,939 / 26,777 | 2.95 | 4.81 | 81,104 / 27,836 | 2.91 | 4.78 | △0.03 / △0.03 |
| | | R社 | 120,730 / 38,350 | 3.15 | 5.13 | 124,856 / 39,697 | 3.15 | 5.16 | △0.00 / 0.02 |
| | | 平均 | 199,669 / 65,127 | 3.07 | 5.00 | 205,960 / 67,533 | 3.05 | 5.00 | △0.02 / 0.00 |
| | 販売費及び一般管理費貢献度倍率(倍) | M社 | 78,939 / 49,815 | 1.58 | 5.11 | 81,104 / 51,121 | 1.59 | 5.08 | 0.00 / △0.03 |
| | | R社 | 120,730 / 78,881 | 1.53 | 4.93 | 124,856 / 80,741 | 1.55 | 4.95 | 0.02 / 0.02 |
| | | 平均 | 199,669 / 128,696 | 1.55 | 5.00 | 205,960 / 131,862 | 1.56 | 5.00 | 0.01 / 0.00 |
| | 広告宣伝費貢献度倍率(倍) | M社 | 78,939 / 0 | 算定不能 | #VALUE! | 81,104 / 0 | 算定不能 | ##### | #VALUE! / #VALUE! |
| | | R社 | 120,730 / 0 | 算定不能 | #VALUE! | 124,856 / 0 | 算定不能 | ##### | #VALUE! / #VALUE! |
| | | 平均 | 199,669 / 0 | 算定不能 | 5.00 | 205,960 / 0 | 算定不能 | 5.00 | #VALUE! / 0.00 |
| | 人件費貢献度倍率(倍) | M社 | 78,939 / 23,184 | 3.40 | 4.80 | 81,104 / 24,617 | 3.29 | 4.66 | △0.11 / △0.13 |
| | | R社 | 120,730 / 33,075 | 3.65 | 5.14 | 124,856 / 33,679 | 3.71 | 5.25 | 0.06 / 0.10 |
| | | 平均 | 199,669 / 56,259 | 3.55 | 5.00 | 205,960 / 58,296 | 3.53 | 5.00 | △0.02 / 0.00 |

## (資料3) 経営分析表 (その5) －収益性分析⑤

| | 指標名 | 会社名 | 前期 | | | 今期 | | | 期間比較 上段(算定値) 下段(係数) |
|---|---|---|---|---|---|---|---|---|---|
| | | | 計算式 | 算定値 | ポイント係数 | 計算式 | 算定値 | ポイント係数 | |
| Ⅰ 収益性分析 | 費用対収益貢献度の分析 | | | | | | | | |
| | 減価償却費貢献度倍率 | M社 | 78,939 / 3,084 | 25.60 | 4.43 | 81,104 / 2,642 | 30.70 | 4.99 | 5.10 / 0.57 |
| | | R社 | 120,730 / 3,822 | 31.59 | 5.46 | 124,856 / 4,057 | 30.78 | 5.00 | △0.81 / △0.46 |
| | | 平均 | 199,669 / 6,906 | 28.91 | 5.00 | 205,960 / 6,699 | 30.74 | 5.00 | 1.83 / 0.00 |
| | 試験開発費貢献度倍率(倍) | M社 | 78,939 / 5 | ###### | #VALUE! | 81,104 / 5 | ###### | ##### | 433.00 / #VALUE! |
| | | R社 | 120,730 / ― | 算定不能 | #VALUE! | 124,856 / ― | 算定不能 | ##### | #VALUE! / #VALUE! |
| | | 平均 | 199,669 / #VALUE! | #VALUE! | 5.00 | 205,960 / #VALUE! | #VALUE! | 5.00 | #VALUE! / 0.00 |

## (資料3) 経営分析表（その6）－活動性分析①

<table>
<tr><th colspan="2">　</th><th>指標名</th><th>会社名</th><th colspan="3">前　期</th><th colspan="3">今　期</th><th>期間比較</th></tr>
<tr><th colspan="2"></th><th></th><th></th><th>計算式</th><th>算定値</th><th>ポイント係数</th><th>計算式</th><th>算定値</th><th>ポイント係数</th><th>上段（算定値）<br>下段（係数）</th></tr>
<tr><td rowspan="15">Ⅱ<br>活動性分析</td><td rowspan="5">資本回転率の分析</td><td rowspan="3">総資本回転率(回)</td><td>M社</td><td>78,939<br>57,879</td><td>1.36</td><td>4.69</td><td>81,104<br>56,790</td><td>1.43</td><td>4.81</td><td>0.06<br>0.11</td></tr>
<tr><td>R社</td><td>120,730<br>79,583</td><td>1.52</td><td>5.22</td><td>124,856<br>81,916</td><td>1.52</td><td>5.13</td><td>0.01<br>△0.09</td></tr>
<tr><td>平均</td><td>199,669<br>137,462</td><td>1.45</td><td>5.00</td><td>205,960<br>138,706</td><td>1.48</td><td>5.00</td><td>0.03<br>0.00</td></tr>
<tr><td rowspan="3" colspan="2">経営資本回転率(回)</td><td>M社</td><td>78,939<br>41,791</td><td>1.89</td><td>4.49</td><td>81,104<br>41,172</td><td>1.97</td><td>4.62</td><td>0.08<br>0.13</td></tr>
<tr><td>R社</td><td>120,730<br>53,167</td><td>2.27</td><td>5.40</td><td>124,856<br>55,443</td><td>2.25</td><td>5.28</td><td>△0.02<br>△0.12</td></tr>
</table>

<table>
<tr><th>指標名</th><th>会社名</th><th>計算式</th><th>算定値</th><th>ポイント係数</th><th>計算式</th><th>算定値</th><th>ポイント係数</th><th>期間比較</th></tr>
<tr><td>経営資本回転率(回)</td><td>平均</td><td>199,669<br>94,958</td><td>2.10</td><td>5.00</td><td>205,960<br>96,615</td><td>2.13</td><td>5.00</td><td>0.03<br>0.00</td></tr>
<tr><td rowspan="3">長期資本回転率(回)</td><td>M社</td><td>78,939<br>46,805</td><td>1.69</td><td>4.59</td><td>81,104<br>45,129</td><td>1.80</td><td>4.79</td><td>0.11<br>0.20</td></tr>
<tr><td>R社</td><td>120,730<br>61,927</td><td>1.95</td><td>5.31</td><td>124,856<br>64,700</td><td>1.93</td><td>5.15</td><td>△0.02<br>△0.16</td></tr>
<tr><td>平均</td><td>199,669<br>108,732</td><td>1.84</td><td>5.00</td><td>205,960<br>109,829</td><td>1.88</td><td>5.00</td><td>0.04<br>0.00</td></tr>
<tr><td rowspan="3">自己資本回転率(回)</td><td>M社</td><td>78,939<br>33,519</td><td>2.36</td><td>4.50</td><td>81,104<br>33,686</td><td>2.41</td><td>4.54</td><td>0.05<br>0.04</td></tr>
<tr><td>R社</td><td>120,730<br>42,728</td><td>2.83</td><td>5.39</td><td>124,856<br>43,904</td><td>2.84</td><td>5.36</td><td>0.02<br>△0.04</td></tr>
<tr><td>平均</td><td>199,669<br>76,247</td><td>2.62</td><td>5.00</td><td>205,960<br>77,590</td><td>2.65</td><td>5.00</td><td>0.04<br>0.00</td></tr>
<tr><td rowspan="3">払込資本回転率(回)</td><td>M社</td><td>78,939<br>13,605</td><td>5.80</td><td>7.01</td><td>81,104<br>13,605</td><td>5.96</td><td>6.98</td><td>0.16<br>△0.03</td></tr>
<tr><td>R社</td><td>120,730<br>34,659</td><td>3.48</td><td>4.21</td><td>124,856<br>34,658</td><td>3.60</td><td>4.22</td><td>0.12<br>0.01</td></tr>
<tr><td>平均</td><td>199,669<br>48,264</td><td>4.14</td><td>5.00</td><td>205,960<br>48,263</td><td>4.27</td><td>5.00</td><td>0.13<br>0.00</td></tr>
<tr><td rowspan="3">現金性資産回転率(回)</td><td>M社</td><td>78,939<br>7,853</td><td>10.05</td><td>3.20</td><td>81,104<br>8,648</td><td>9.38</td><td>3.04</td><td>△0.67<br>△0.15</td></tr>
<tr><td>R社</td><td>120,730<br>4,851</td><td>24.89</td><td>7.92</td><td>124,856<br>4,725</td><td>26.42</td><td>8.58</td><td>1.54<br>0.66</td></tr>
<tr><td>平均</td><td>199,669<br>12,704</td><td>15.72</td><td>5.00</td><td>205,960<br>13,373</td><td>15.40</td><td>5.00</td><td>△0.32<br>0.00</td></tr>
<tr><td rowspan="3">売上債権回転率(回)</td><td>M社</td><td>78,939<br>372</td><td>212.20</td><td>27.28</td><td>81,104<br>423</td><td>191.74</td><td>27.02</td><td>△20.47<br>△0.26</td></tr>
<tr><td>R社</td><td>120,730<br>4,761</td><td>25.36</td><td>3.26</td><td>124,856<br>5,381</td><td>23.20</td><td>3.27</td><td>△2.15<br>0.01</td></tr>
<tr><td>平均</td><td>199,669<br>5,133</td><td>38.90</td><td>5.00</td><td>205,960<br>5,804</td><td>35.49</td><td>5.00</td><td>△3.41<br>0.00</td></tr>
<tr><td rowspan="3">仕入債務回転率(回)</td><td>M社</td><td>26,777<br>1,577</td><td>16.98</td><td>6.45</td><td>27,836<br>1,919</td><td>14.51</td><td>6.07</td><td>△2.47<br>△0.38</td></tr>
<tr><td>R社</td><td>38,350<br>3,372</td><td>11.37</td><td>4.32</td><td>39,697<br>3,736</td><td>10.63</td><td>4.45</td><td>△0.75<br>0.13</td></tr>
<tr><td>平均</td><td>65,127<br>4,949</td><td>13.16</td><td>5.00</td><td>67,533<br>5,655</td><td>11.94</td><td>5.00</td><td>△1.22<br>0.00</td></tr>
</table>

## (資料3) 経営分析表（その7）－活動性分析②

| | 指標名 | 会社名 | 前期 計算式 | 算定値 | ポイント係数 | 今期 計算式 | 算定値 | ポイント係数 | 期間比較 上段(算定値)／下段(係数) |
|---|---|---|---|---|---|---|---|---|---|
| Ⅱ 活動性分析 | | | | | | | | | |
| | 資産回転率の分析 | 棚卸資産回転率(回) | M社 | 26,777／2,444 | 10.96 | 3.74 | 27,836／2,726 | 10.21 | 3.79 | △0.74／0.05 |
| | | | R社 | 38,350／2,003 | 19.15 | 6.54 | 39,697／2,287 | 17.36 | 6.44 | △1.79／△0.09 |
| | | | 平均 | 65,127／4,447 | 14.65 | 5.00 | 67,533／5,013 | 13.47 | 5.00 | △1.17／0.00 |
| | | 固定資産回転率(回) | M社 | 78,939／45,762 | 1.72 | 4.73 | 81,104／43,638 | 1.86 | 4.91 | 0.13／0.18 |
| | | | R社 | 120,730／63,705 | 1.90 | 5.19 | 124,856／65,160 | 1.92 | 5.06 | 0.02／△0.13 |
| | | | 平均 | 199,669／109,467 | 1.82 | 5.00 | 205,960／108,798 | 1.89 | 5.00 | 0.07／0.00 |
| | | 有形固定資産回転率(回) | M社 | 78,939／29,466 | 2.68 | 4.43 | 81,104／27,875 | 2.91 | 4.67 | 0.23／0.24 |
| | | | R社 | 120,730／36,575 | 3.30 | 5.46 | 124,856／38,303 | 3.26 | 5.24 | △0.04／△0.22 |
| | | | 平均 | 199,669／66,041 | 3.02 | 5.00 | 205,960／66,178 | 3.11 | 5.00 | 0.09／0.00 |
| | 資産回転期間の分析 | 現金性資産滞留日数(日) | M社 | 7,853／216.27 | 36.31 | 7.82 | 8,648／222.20 | 38.92 | 8.21 | 2.61／0.39 |
| | | | R社 | 4,851／330.77 | 14.67 | 3.16 | 4,725／342.07 | 13.81 | 2.91 | △0.85／△0.24 |
| | | | 平均 | 12,704／547.04 | 23.22 | 5.00 | 13,373／564 | 23.70 | 5.00 | 0.48／0.00 |
| | | 売上債権回収日数(日) | M社 | 372／216.27 | 1.72 | 0.92 | 423／222.20 | 1.90 | 0.93 | 0.18／0.01 |
| | | | R社 | 4,761／330.77 | 14.39 | 7.67 | 5,381／342.07 | 15.73 | 7.65 | 1.34／△0.02 |
| | | | 平均 | 5,133／547.04 | 9.38 | 5.00 | 5,804／564 | 10.29 | 5.00 | 0.90／0.00 |
| | | 仕入債務支払日数(日) | M社 | 1,577／73.36 | 21.50 | 3.88 | 1,919／76.26 | 25.16 | 4.12 | 3.67／0.24 |
| | | | R社 | 3,372／105.07 | 32.09 | 5.79 | 3,736／108.76 | 34.35 | 5.62 | 2.26／△0.17 |
| | | | 平均 | 4,949／178.43 | 27.74 | 5.00 | 5,655／185.02 | 30.56 | 5.00 | 2.83／0.00 |
| | | 棚卸資産在庫日数(日) | M社 | 2,444／73.36 | 33.31 | 6.68 | 2,726／76.26 | 35.74 | 6.60 | 2.43／△0.09 |
| | | | R社 | 2,003／105.07 | 19.06 | 3.82 | 2,287／108.76 | 21.03 | 3.88 | 1.96／0.06 |
| | | | 平均 | 4,447／178.43 | 24.92 | 5.00 | 5,013／185.02 | 27.09 | 5.00 | 2.17／0.00 |

## (資料3) 経営分析表（その8）－安全性分析①

| 分類 | 指標名 | 会社名 | 前期 計算式 | 前期 算定値 | 前期 ポイント係数 | 今期 計算式 | 今期 算定値 | 今期 ポイント係数 | 期間比較 上段(値)/下段(係数) |
|---|---|---|---|---|---|---|---|---|---|
| Ⅲ 安全性分析 / 短期流動性の分析 | 流動比率 (%) | M社 | 12,127 / 11,073 ×100 | 109.52 | 5.50 | 13,152 / 11,660 ×100 | 112.80 | 5.32 | 3.28 / △0.18 |
| | | R社 | 15,877 / 17,046 ×100 | 93.14 | 4.68 | 16,755 / 16,531 ×100 | 101.36 | 4.78 | 8.21 / 0.10 |
| | | 平均 | 28,004 / 28,119 ×100 | 99.59 | 5.00 | 29,907 / 28,191 ×100 | 106.09 | 5.00 | 6.50 / 0.00 |
| | 当座比率 (%) | M社 | 8,225 / 11,073 ×100 | 74.28 | 5.85 | 9,071 / 11,660 ×100 | 77.80 | 5.72 | 3.52 / △0.14 |
| | | R社 | 9,612 / 17,046 ×100 | 56.39 | 4.44 | 10,106 / 16,531 ×100 | 61.13 | 4.49 | 4.75 / 0.05 |
| | | 平均 | 17,837 / 28,119 ×100 | 63.43 | 5.00 | 19,177 / 28,191 ×100 | 68.03 | 5.00 | 4.59 / 0.00 |
| | 現金性資産比率 (%) | M社 | 7,853 / 11,073 ×100 | 70.92 | 7.85 | 8,648 / 11,660 ×100 | 74.17 | 7.82 | 3.25 / △0.03 |
| | | R社 | 4,851 / 17,046 ×100 | 28.46 | 3.15 | 4,725 / 16,531 ×100 | 28.58 | 3.01 | 0.12 / △0.14 |
| | | 平均 | 12,704 / 28,119 ×100 | 45.18 | 5.00 | 13,373 / 28,191 ×100 | 47.44 | 5.00 | 2.26 / 0.00 |
| | 売上債権対仕入債務比率 (%) | M社 | 372 / 1,577 ×100 | 23.59 | 1.14 | 423 / 1,919 ×100 | 22.04 | 1.07 | △1.55 / △0.06 |
| | | R社 | 4,761 / 3,372 ×100 | 141.19 | 6.81 | 5,381 / 3,736 ×100 | 144.03 | 7.02 | 2.84 / 0.21 |
| | | 平均 | 5,133 / 4,949 ×100 | 103.72 | 5.00 | 5,804 / 5,655 ×100 | 102.63 | 5.00 | △1.08 / 0.00 |
| | 営業キャッシュ・フロー対流動負債倍率 (倍) | M社 | 6,527 / 11,073 | 0.59 | 5.96 | 5,800 / 11,660 | 0.50 | 5.01 | △0.09 / △0.95 |
| | | R社 | 7,377 / 17,046 | 0.43 | 4.38 | 8,206 / 16,531 | 0.50 | 5.00 | 0.06 / 0.62 |
| | | 平均 | 13,904 / 28,119 | 0.49 | 5.00 | 14,006 / 28,191 | 0.50 | 5.00 | 0.00 / 0.00 |
| 資本構成安全性の分析 | 自己資本比率 (%) | M社 | 33,519 / 57,879 ×100 | 57.91 | 5.22 | 33,686 / 56,790 ×100 | 59.32 | 5.30 | 1.40 / 0.08 |
| | | R社 | 42,728 / 79,583 ×100 | 53.69 | 4.84 | 43,904 / 81,916 ×100 | 53.60 | 4.79 | △0.09 / △0.05 |
| | | 平均 | 76,247 / 137,462 ×100 | 55.47 | 5.00 | 77,590 / 138,706 ×100 | 55.94 | 5.00 | 0.47 / 0.00 |
| | 稼得資本（利益剰余金）比率 (%) | M社 | 19,946 / 33,519 ×100 | 59.51 | 8.57 | 20,104 / 33,686 ×100 | 59.68 | 8.29 | 0.17 / △0.29 |
| | | R社 | 6,521 / 42,728 ×100 | 15.26 | 2.20 | 7,839 / 43,904 ×100 | 17.85 | 2.48 | 2.59 / 0.28 |
| | | 平均 | 26,467 / 76,247 ×100 | 34.71 | 5.00 | 27,943 / 77,590 ×100 | 36.01 | 5.00 | 1.30 / 0.00 |
| | 営業キャッシュ・フロー対自己資本倍率 (倍) | M社 | 6,527 / 33,519 | 0.19 | 5.34 | 5,800 / 33,686 | 0.17 | 4.77 | △0.02 / △0.57 |
| | | R社 | 7,377 / 42,728 | 0.17 | 4.73 | 8,206 / 43,904 | 0.19 | 5.18 | 0.01 / 0.44 |
| | | 平均 | 13,904 / 76,247 | 0.18 | 5.00 | 14,006 / 77,590 | 0.18 | 5.00 | △0.00 / 0.00 |

## (資料3) 経営分析表（その9）－安全性分析②

| | 指標名 | 会社名 | 前期 計算式 | | 算定値 | ポイント係数 | 今期 計算式 | | 算定値 | ポイント係数 | 期間比較 上段(算定値) 下段(係数) |
|---|---|---|---|---|---|---|---|---|---|---|---|
| Ⅲ 安 全 性 分 析 | 資本構成安全性の分析 | 負債比率(％) | M社 | 33,519 / 24,360 | ×100 | 137.60 | 5.47 | 33,686 / 23,104 | ×100 | 145.80 | 5.68 | 8.20 / 0.21 |
| | | | R社 | 42,728 / 36,245 | ×100 | 117.89 | 4.69 | 43,904 / 37,327 | ×100 | 117.62 | 4.58 | △0.27 / △0.10 |
| | | | 平均 | 76,247 / 60,605 | ×100 | 125.81 | 5.00 | 77,590 / 60,431 | ×100 | 128.39 | 5.00 | 2.58 / 0.00 |
| | | 有利子負債倍率(倍) | M社 | 24,360 / 15,823 | | 1.54 | 4.54 | 23,104 / 13,869 | | 1.67 | 4.59 | 0.13 / 0.05 |
| | | | R社 | 36,245 / 19,903 | | 1.82 | 5.37 | 37,327 / 19,412 | | 1.92 | 5.29 | 0.10 / △0.07 |
| | | | 平均 | 60,605 / 35,726 | | 1.70 | 5.00 | 60,431 / 33,281 | | 1.82 | 5.00 | 0.12 / 0.00 |
| | | 営業キャッシュ・フロー対固定負債倍率(倍) | M社 | 6,527 / 13,286 | | 0.49 | 5.74 | 5,800 / 11,443 | | 0.51 | 5.83 | 0.02 / 0.09 |
| | | | R社 | 7,377 / 19,199 | | 0.38 | 4.49 | 8,206 / 20,796 | | 0.39 | 4.54 | 0.01 / 0.05 |
| | | | 平均 | 13,904 / 32,485 | | 0.43 | 5.00 | 14,006 / 32,239 | | 0.43 | 5.00 | 0.01 / 0.00 |
| | | 営業キャッシュ・フロー対他人資本(負債)倍率(倍) | M社 | 6,527 / 24,360 | | 0.27 | 5.84 | 5,800 / 23,104 | | 0.25 | 5.42 | △0.02 / △0.42 |
| | | | R社 | 7,377 / 36,245 | | 0.20 | 4.44 | 8,206 / 37,327 | | 0.22 | 4.74 | 0.02 / 0.31 |
| | | | 平均 | 13,904 / 60,605 | | 0.23 | 5.00 | 14,006 / 60,431 | | 0.23 | 5.00 | 0.00 / 0.00 |
| | | 営業キャッシュ・フロー対総資本倍率(倍) | M社 | 6,527 / 57,879 | | 0.11 | 5.57 | 5,800 / 56,790 | | 0.10 | 5.06 | △0.01 / △0.52 |
| | | | R社 | 7,377 / 79,583 | | 0.09 | 4.58 | 8,206 / 81,916 | | 0.10 | 4.96 | 0.01 / 0.38 |
| | | | 平均 | 13,904 / 137,462 | | 0.10 | 5.00 | 14,006 / 138,706 | | 0.10 | 5.00 | △0.00 / 0.00 |
| | 固定資産投資安全性の分析 | 固定比率(％) | M社 | 33,519 / 45,762 | ×100 | 73.25 | 5.26 | 33,686 / 43,638 | ×100 | 77.19 | 5.41 | 3.95 / 0.15 |
| | | | R社 | 42,728 / 63,705 | ×100 | 67.07 | 4.81 | 43,904 / 65,160 | ×100 | 67.38 | 4.72 | 0.31 / △0.09 |
| | | | 平均 | 76,247 / 109,467 | ×100 | 69.65 | 5.00 | 77,590 / 108,798 | ×100 | 71.32 | 5.00 | 1.66 / 0.00 |
| | | 長期資本固定比率(％) | M社 | 46,805 / 45,762 | ×100 | 102.28 | 5.15 | 45,129 / 43,638 | ×100 | 103.42 | 5.12 | 1.14 / △0.03 |
| | | | R社 | 61,927 / 63,705 | ×100 | 97.21 | 4.89 | 64,700 / 65,160 | ×100 | 99.29 | 4.92 | 2.09 / 0.02 |
| | | | 平均 | 108,732 / 109,467 | ×100 | 99.33 | 5.00 | 109,829 / 108,798 | ×100 | 100.95 | 5.00 | 1.62 / 0.00 |
| | | 営業キャッシュ・フロー対投資活動支出倍率(倍) | M社 | 6,527 / 1,442 | | 4.53 | 12.47 | 5,800 / 2,139 | | 2.71 | 7.37 | △1.81 / △5.11 |
| | | | R社 | 7,377 / 6,220 | | 1.19 | 3.27 | 8,206 / 5,470 | | 1.50 | 4.08 | 0.31 / 0.81 |
| | | | 平均 | 13,904 / 7,662 | | 1.81 | 5.00 | 14,006 / 7,609 | | 1.84 | 5.00 | 0.03 / 0.00 |

## (資料3) 経営分析表(その10)－安全性分析③

| | 指標名 | 会社名 | 前期 計算式 | 算定値 | ポイント係数 | 今期 計算式 | 算定値 | ポイント係数 | 期間比較 上段(算定値) 下段(係数) |
|---|---|---|---|---|---|---|---|---|---|
| Ⅲ 安全性分析 | 固定資産投資安全性の分析 | | | | | | | | |
| | 営業キャッシュ・フロー対投資キャッシュ・フロー倍率(倍) | M社 | 6,527 / 1,082 | 6.03 | 14.18 | 5,800 / 1,975 | 2.94 | 7.24 | △3.10 / △6.94 |
| | | R社 | 7,377 / 5,453 | 1.35 | 3.18 | 8,206 / 4,931 | 1.66 | 4.10 | 0.31 / 0.92 |
| | | 平均 | 13,904 / 6,535 | 2.13 | 5.00 | 14,006 / 6,906 | 2.03 | 5.00 | △0.10 / 0.00 |
| | 営業キャッシュ・フロー対フリー・キャッシュ・フロー倍率(倍) | M社 | 6,527 / 5,085 | 1.28 | 2.88 | 5,800 / 3,661 | 1.58 | 3.62 | 0.30 / 0.74 |
| | | R社 | 7,377 / 1,157 | 6.38 | 14.31 | 8,206 / 2,736 | 3.00 | 6.85 | △3.38 / △7.46 |
| | | 平均 | 13,904 / 6,242 | 2.23 | 5.00 | 14,006 / 6,397 | 2.19 | 5.00 | △0.04 / 0.00 |
| | 損益関係安全性の分析 | | | | | | | | |
| | 金融費用支払倍率(倍) | M社 | 2,389 / 194 | 12.31 | 6.14 | 2,182 / 153 | 14.26 | 6.27 | 1.95 / 0.13 |
| | | R社 | 3,632 / 406 | 8.95 | 4.46 | 4,532 / 437 | 10.37 | 4.56 | 1.42 / 0.10 |
| | | 平均 | 6,021 / 600 | 10.04 | 5.00 | 6,714 / 590 | 11.38 | 5.00 | 1.34 / 0.00 |
| | 営業キャッシュ・フロー対金融費用倍率(倍) | M社 | 6,527 / 194 | 33.64 | 7.26 | 5,800 / 153 | 37.91 | 7.98 | 4.26 / 0.73 |
| | | R社 | 7,377 / 406 | 18.17 | 3.92 | 8,206 / 437 | 18.78 | 4.83 | 0.61 / 0.91 |
| | | 平均 | 13,904 / 600 | 23.17 | 5.00 | 14,006 / 590 | 23.74 | 5.00 | 0.57 / 0.00 |
| | 限界利益倍率(倍) | M社 | 52,162 / 78,939 | 0.66 | 4.90 | 53,267 / 81,104 | 0.66 | 4.89 | △0.00 / △0.02 |
| | | R社 | 82,379 / 120,730 | 0.68 | 5.06 | 85,159 / 124,856 | 0.68 | 5.07 | △0.00 / 0.01 |
| | | 平均 | 134,541 / 199,669 | 0.67 | 5.00 | 138,426 / 205,960 | 0.67 | 5.00 | 0.00 / 0.00 |
| | 損益分岐点倍率(倍) | M社 | 78,939 / 75,379.62 | 1.05 | 5.00 | 81,104 / 77,761.91 | 1.04 | 4.96 | △0.00 / △0.04 |
| | | R社 | 120,730 / 115219.56 | 1.05 | 5.00 | 124,856 / 118,141.03 | 1.06 | 5.03 | 0.01 / 0.03 |
| | | 平均 | 199,669 / 190,599.17 | 1.05 | 5.00 | 205,960 / 195,902.93 | 1.05 | 5.00 | 0.00 / 0.00 |
| | 営業キャッシュ・フロー・マージン(倍) | M社 | 6,527 / 78,939 | 0.08 | 5.94 | 5,800 / 81,104 | 0.07 | 5.26 | △0.01 / △0.68 |
| | | R社 | 7,377 / 120,730 | 0.06 | 4.39 | 8,206 / 124,856 | 0.07 | 4.83 | 0.00 / 0.44 |
| | | 平均 | 13,904 / 199,669 | 0.07 | 5.00 | 14,006 / 205,960 | 0.07 | 5.00 | 0.00 / 0.00 |
| | 営業キャッシュ・フロー対営業利益倍率(倍) | M社 | 6,527 / 2,347 | 2.78 | 5.85 | 5,800 / 2,145 | 2.70 | 6.33 | △0.08 / 0.49 |
| | | R社 | 7,377 / 3,498 | 2.11 | 4.43 | 8,206 / 4,417 | 1.86 | 4.35 | △0.25 / △0.08 |
| | | 平均 | 13,904 / 5,845 | 2.38 | 5.00 | 14,006 / 6,562 | 2.13 | 5.00 | △0.24 / 0.00 |

## (資料3) 経営分析表 (その11) －成長性分析①

| | 指標名 | 会社名 | 前期 計算式 | 算定値 | ポイント係数 | 今期 計算式 | 算定値 | ポイント係数 | 期間比較 上段(算定値)／下段(倍数) |
|---|---|---|---|---|---|---|---|---|---|
| Ⅳ 成長性分析 | 売上高取引規模成長性の分析 | 売上高増加倍率(倍) | M社 | 78,939／79,091 | 1.00 | 4.85 | 81,104／78,939 | 1.03 | 4.98 | 0.03／0.13 |
| | | | R社 | 120,730／114,957 | 1.05 | 5.10 | 124,856／120,730 | 1.03 | 5.01 | △0.02／△0.09 |
| | | | 平均 | 199,669／194,048 | 1.03 | 5.00 | 205,960／199,669 | 1.03 | 5.00 | 0.00／0.00 |
| | 資産・人的規模成長性の分析 | 固定資産増加倍率(倍) | M社 | 45,762／49,174 | 0.93 | 4.68 | 43,638／45,762 | 0.95 | 4.80 | 0.02／0.12 |
| | | | R社 | 63,705／60,875 | 1.05 | 5.26 | 65,160／63,705 | 1.02 | 5.15 | △0.02／△0.11 |
| | | | 平均 | 109,467／110,049 | 0.99 | 5.00 | 108,798／109,467 | 0.99 | 5.00 | △0.00／0.00 |
| | | 有形固定資産増加倍率(倍) | M社 | 29,466／32,487 | 0.91 | 4.58 | 27,875／29,466 | 0.95 | 4.72 | 0.04／0.14 |
| | | | R社 | 36,575／34,202 | 1.07 | 5.40 | 38,303／36,575 | 1.05 | 5.23 | △0.02／△0.17 |
| | | | 平均 | 66,041／66,689 | 0.99 | 5.00 | 66,178／66,041 | 1.00 | 5.00 | 0.01／0.00 |
| | | 投資活動支出額増加倍率(倍) | M社 | 1,442／8,335 | 0.17 | 1.35 | 2,139／1,442 | 1.48 | 7.47 | 1.31／6.12 |
| | | | R社 | 6,220／3,649 | 1.70 | 13.33 | 5,470／6,220 | 0.88 | 4.43 | △0.83／△8.90 |
| | | | 平均 | 7,662／11,984 | 0.64 | 5.00 | 7,609／7,662 | 0.99 | 5.00 | 0.35／0.00 |
| | | 人件費増加倍率 | M社 | 23,184／22,767 | 1.02 | 4.99 | 24,617／23,184 | 1.06 | 5.12 | 0.04／0.13 |
| | | | R社 | 33,075／32,418 | 1.02 | 5.00 | 33,679／33,075 | 1.02 | 4.91 | △0.00／△0.09 |
| | | | 平均 | 56,259／55,185 | 1.02 | 5.00 | 58,296／56,259 | 1.04 | 5.00 | 0.02／0.00 |
| | 資本規模成長性の分析 | 総資本増加倍率(倍) | M社 | 57,879／62,249 | 0.93 | 4.70 | 56,790／57,879 | 0.98 | 4.86 | 0.05／0.16 |
| | | | R社 | 79,583／76,759 | 1.04 | 5.24 | 81,916／79,583 | 1.03 | 5.10 | △0.01／△0.14 |
| | | | 平均 | 137,462／139,008 | 0.99 | 5.00 | 138,706／137,462 | 1.01 | 5.00 | 0.02／0.00 |
| | | 経営資本増加倍率(倍) | M社 | 41,791／45,525 | 0.92 | 4.66 | 41,172／41,791 | 0.99 | 4.84 | 0.07／0.18 |
| | | | R社 | 53,167／50,855 | 1.05 | 5.31 | 55,443／53,167 | 1.04 | 5.12 | △0.00／△0.18 |
| | | | 平均 | 94,958／96,380 | 0.99 | 5.00 | 96,615／94,958 | 1.02 | 5.00 | 0.03／0.00 |
| | | 自己資本増加倍率(倍) | M社 | 33,519／33,325 | 1.01 | 4.85 | 33,686／33,519 | 1.00 | 4.94 | △0.00／0.09 |
| | | | R社 | 42,728／40,135 | 1.06 | 5.13 | 43,904／42,728 | 1.03 | 5.05 | △0.04／△0.08 |
| | | | 平均 | 76,247／73,460 | 1.04 | 5.00 | 77,590／76,247 | 1.02 | 5.00 | △0.02／0.00 |

## (資料3) 経営分析表(その12)―成長性分析②

| | 指標名 | 会社名 | 前期 計算式 | 前期 算定値 | 前期 ポイント係数 | 今期 計算式 | 今期 算定値 | 今期 ポイント係数 | 期間比較 上段(算定値) 下段(係数) |
|---|---|---|---|---|---|---|---|---|---|
| Ⅳ 成長性分析 | 資本規模成長性の分析 | | | | | | | | |
| | 稼得資本(利益剰余金)増加倍率(倍) | M社 | 19,946 / 19,733 | 1.01 | 4.78 | 20,104 / 19,946 | 1.01 | 4.77 | △0.00 / △0.01 |
| | | R社 | 6,521 / 5,320 | 1.23 | 5.80 | 7,839 / 6,521 | 1.20 | 5.69 | △0.02 / △0.11 |
| | | 平均 | 26,467 / 25,053 | 1.06 | 5.00 | 27,943 / 26,467 | 1.06 | 5.00 | △0.00 / 0.00 |
| | 将来投資成長性の分析 | | | | | | | | |
| | 広告宣伝費増加倍率(倍) | M社 | — / — | #VALUE! | | — / — | #VALUE! | | |
| | | R社 | — / — | #VALUE! | | — / — | #VALUE! | | |
| | | 平均 | — / — | #VALUE! | 5.00 | — / — | #VALUE! | 5.00 | 0.00 |
| | 研究開発費増加倍率(倍) | M社 | 5 / 4 | 1.25 | | 5 / 5 | 1.00 | | |
| | | R社 | — / — | #VALUE! | | — / — | #VALUE! | | |
| | | 平均 | #VALUE! / #VALUE! | #VALUE! | 5.00 | #VALUE! / #VALUE! | #VALUE! | 5.00 | #VALUE! / 0.00 |
| | 無形固定資産増加倍率(倍) | M社 | 209 / 203 | 1.03 | 5.22 | 195 / 209 | 0.93 | 5.12 | △0.10 / △0.10 |
| | | R社 | 770 / 789 | 0.98 | 4.94 | 697 / 770 | 0.91 | 4.97 | △0.07 / 0.02 |
| | | 平均 | 979 / 992 | 0.99 | 5.00 | 892 / 979 | 0.91 | 5.00 | △0.08 / 0.00 |
| | 利益成長性の分析 | | | | | | | | |
| | 売上総利益成長倍率(倍) | M社 | 52,162 / 52,293 | 1.00 | 4.87 | 53,267 / 52,162 | 1.02 | 4.96 | 0.02 / 0.09 |
| | | R社 | 82,379 / 79,139 | 1.04 | 5.08 | 85,159 / 82,379 | 1.03 | 5.02 | △0.01 / △0.06 |
| | | 平均 | 134,541 / 131,432 | 1.02 | 5.00 | 138,426 / 134,541 | 1.03 | 5.00 | 0.01 / 0.00 |
| | 営業利益成長倍率(倍) | M社 | 2,347 / 1,927 | 1.22 | 4.74 | 2,145 / 2,347 | 0.91 | 4.07 | △0.30 / △0.67 |
| | | R社 | 3,498 / 2,623 | 1.33 | 5.19 | 4,417 / 3,498 | 1.26 | 5.62 | △0.07 / 0.43 |
| | | 平均 | 5,845 / 4,550 | 1.28 | 5.00 | 6,562 / 5,845 | 1.12 | 5.00 | △0.16 / 0.00 |
| | 事業利益成長倍率(倍) | M社 | 2,389 / 1,967 | 1.21 | 4.76 | 2,182 / 2,389 | 0.91 | 4.10 | △0.30 / △0.67 |
| | | R社 | 3,632 / 2,754 | 1.32 | 5.17 | 4,532 / 3,632 | 1.25 | 5.60 | △0.07 / 0.42 |
| | | 平均 | 6,021 / 4,721 | 1.28 | 5.00 | 6,714 / 6,021 | 1.12 | 5.00 | △0.16 / 0.00 |
| | 経常利益成長倍率(倍) | M社 | 2,352 / 1,950 | 1.21 | 4.70 | 2,194 / 2,352 | 0.93 | 4.21 | △0.27 / △0.49 |
| | | R社 | 3,761 / 2,817 | 1.34 | 5.21 | 4,579 / 3,761 | 1.22 | 5.49 | △0.12 / 0.29 |
| | | 平均 | 6,113 / 4,767 | 1.28 | 5.00 | 6,773 / 6,113 | 1.11 | 5.00 | △0.17 / 0.00 |

## (資料3) 経営分析表(その13)－成長性分析③

| | 指標名 | 会社名 | 前期 | | | 今期 | | | 期間比較 |
| --- | --- | --- | --- | --- | --- | --- | --- | --- | --- |
| | | | 計算式 | 算定値 | ポイント係数 | 計算式 | 算定値 | ポイント係数 | 上段(算定値)<br>下段(係数) |
| Ⅳ 成長性の分析 | 利益成長性の分析 | M社 | 690 / 770 | 0.90 | 3.63 | 645 / 690 | 0.93 | 4.38 | 0.04 / 0.75 |
| | 当期純利益成長倍率(倍) | R社 | 1,663 / 1,137 | 1.46 | 5.93 | 1,866 / 1,663 | 1.12 | 5.26 | △0.34 / △0.67 |
| | | 平均 | 2,353 / 1,907 | 1.23 | 5.00 | 2,511 / 2,353 | 1.07 | 5.00 | △0.17 / 0.00 |
| | 営業キャッシュ・フロー増加倍率(倍) | M社 | 6,527 / 4,895 | 1.33 | 5.24 | 5,800 / 6,527 | 0.89 | 4.41 | △0.44 / △0.83 |
| | | R社 | 7,377 / 6,038 | 1.22 | 4.80 | 8,206 / 7,377 | 1.11 | 5.52 | △0.11 / 0.72 |
| | | 平均 | 13,904 / 10,933 | 1.27 | 5.00 | 14,006 / 13,904 | 1.01 | 5.00 | △0.26 / 0.00 |

## 模範解答編

**問1-1** (p. 4)
12,000円÷20,000円×100＝60%

**問1-2** (p. 5)
　前期の構成割合は資産では流動資産と固定資産の割合が58％対40％となっていたが、今期では流動資産が減って固定資産が増加したため、その割合が55％対44％になった。負債と純資産の割合は前期では40％対60％となっていたものが、今期では41％対58％となり、純資産の割合が少なくなった。また、負債のなかでも固定負債の増加割合よりも流動負債の減少割合が少なく、このことから固定資産の増加した資金源は固定負債で賄われていると考えられる。

**問1-3** (p. 6)
　①前期の売上高に対する売上原価は80％であったが、今期は75％となりその結果、売上総利益が20％から25％に増加した。②販売費及び一般管理費は前期が10％で今期が13％に増えたが、売上総利益の増加が大きいために営業利益も2％の増加にとどまった。③営業外収益と営業外費用はほとんど変化がなかったが営業外収益が1％増えたので、結果として経常利益も3％増えている。

**問1-4** (p. 6)
①前期では営業活動から得られているキャッシュ(資金)残高を投資活動に投下した割合が55％であり、その残額45％のうち38％を財務活動に使用していて、キャッシュ(資金)残額が7％になっている。②今期では、投資活動に前期より5％増加したが、投資が行われ財務活動に対する支出が6％減少したため当期でのキャッシュ(資金)の増加が前期より1％増加している。

**問1-5** (p. 7)
　前々期から前期の売上高は、固定基準法、移動基準法ともに前々期を基準としているので110％の増加を示しているが、今期では、固定基準法では前々期の売上高を固定基準としているので121％の大幅な増加となっているが、一方、移動基準法では前期(対前年度)を基準としているので前々期と同じ伸び率110％となっている。

**問1-6** (p. 8)
　流動比率は、60,000円÷25,000円×100で240％となり、200％を超えているので「安全」と判断できる。

**問1-7** (p. 9)
　今期の25％は前期の20％より上回っているので5％ほど「良い」と判断できる。

**問1-8** (p. 9)
　A社25％がB社の20％よりも上回っており5％上回っているので「良い」と判断できる。

**問1-9** (p. 10)
　A社のそれは25％で業界平均値27％から2％下回っているで「悪い」と判断できる。

**問1-10** (p. 10)
　実績値23％は目標値の20％を上回っているので3％「良い」と判断できる。

**問2-1** (p. 13)
① (200％+150％)÷2＝175％
② 5.00÷①175％×200％＝5.71
③ 5.00÷①175％×150％＝4.29

180

### 問5-1 (p.34)
①構成比からみると、流動資産と固定資産の割合が、前期、今期とも約20%対80%となりほぼ同じ。流動資産のなかの当座資産と棚卸資産では、前期、今期とも約12%対3%でほぼ同じ。当座資産のなかの現金預金と売上債権は前期ではともに約6%と、今期では約6%と7%となっている。固定資産の中の有形固定資産は、前期約46%、今期約47%で、ほぼ半分近くであり、残りは前期約33%と今期約32%を無形固定資産となっている。
②期間比較からみると、流動資産約6%と固定資産約2%でともに増加している。流動資産の中でも、棚卸資産が約14%と大幅な増加で、その他の流動資産が約2%増加している。当座資産の中の現金預金が約3%減少し、売上債権は約13%大幅な増加している。固定資産の中でも有形固定資産約5%の増加、無形固定資産約9%の減少、投資その他の資産が約1%の減少となっている。

### 問5-2 (p.40)
①構成比から見ると、負債と純資産の割合は、前期、今期とも約46%対54%で変わらず。負債では、流動負債と固定負債の割合は、前期では約21%対24%、今期では約20%対25%であり、固定負債がやや多い。負債の中での有利子負債は、前期で約19%、今期で20%となっている。

純資産の中の株主資本は、前期、今期とも約51 52%で、総資本の半分以上を占めている。株主資本の中の払込資本と稼得資本(利益剰余金)との割合が、前期で約44%対8%、今期で約42%対10%であり稼得資本(利益剰余金)が少ない。
②期間比較から見ると、他人資本(負債)全体は約3%の増加で、その中でも流動負債は約3%の減少、固定負債は約8%の増加となっている。流動負債の中でも仕入債務約11%の増加、逆に短期有利子負債約35%の減少で、固定負債の中でも長期有利利子負債は大きく約8%の増加となっている。純資産の増減とその中の株主資本はともに3%増加し、稼得資本の増加が約20%と大幅な増加となっている。その他包括利益累計額はプラスで全体を占める割合が少ないが、約9%の減少となっている。総資本の減少が約3%、固定負債の増加にともない長期資本も約4%の増加となっている。

### 問6-1 (p.46)
①構成比から見ると、売上原価は前期、今期とも約32%で、売上総利益は前期、今期とも約68%ほぼ同じとなっている。販売費及び一般管理費は、前期、今期とも約65%で、営業利益は前期約3%、今期約4%となっている。営業外収益と営業外費用は金額がわずかで、前期、今期とも約1%未満で、経常利益は前期約3%、今期約4%で営業利益とほぼ同じ。特別利益と特別損失も1%未満で、それを加減した税引前当期純利益では、前期、今期とも約3%で、法人税等も前期約1%、今期約2%で、結果として前期、今期とも当期純利益は約1%となっている。
②期間比較からみると、売上高約3%の増加に対し、売上原価が4%の増加となっても、売上高の増加額が大きく売上総利益は3%の増加となっている。販売費及び一般管理費は約2%の増加で、その中でも人件費が約2%の増加、減価償却費が約6%の増加となっても、それ以外の費用の減少することで営業利益は約26%の大幅な増加となっている。営業外収益は金額が少ないが約11%の減少(特に金融収益は約14%)の減少、金額が少ないなりにも営業外費用3%(特に金融費用約8%)の増加でも、経常利益は約22%の増加となっている。特別利益は約60%の減少、特別損失は約16%の増加で、これも金額がわずかなので、税引前当期純利益は約18%の増加となっている。税引前当期純利益の増加に伴い法人税等も約22%の大幅な増加となり、結果として当期純利益は約12%の増加となっている。

### 問7-1 (p.51)
① 構成比からみると、営業キャッシュ・フローのプラスの主要構成となっている当期純利益、減価償却費、運転資金減少額は、前期では約45%、58%、2%で、その合計約105%で、営業キャッシュ・フローを5%超えている。今期では約47%、55%、5%でその合計約107%でこれも7%超え

ている。また営業キャッシュ・フローのマイナス要因となる運転資金の増加額は前期で約5%、今期で約11%となっている。

投資キャッシュ・フローは、前期約74%、今期約60%の支出超過となっている。投資活動キャッシュ・フローのマイナス要因となる財務活動支出額は、前期約84%、今期約67%で、プラス要因となる財務活動収入額は前期約11%、今期約7%となっている。また、営業キャッシュ・フローから投資支出額を差し引いたフリー・キャッシュ・フローは前期で約16%、今期で約33%のプラスとなっている。

財務キャッシュ・フローのマイナス要因となる財務活動支出額は前期約92%、今期66%で、そのプラス要因となる財務活動収入額は、約11%、今期で約7%を占め、全体では前期で約28%、今期で約41%の支出超過となっている。その結果としてキャッシュ・フロー増減額は投資キャッシュ・フローと財務キャッシュ・フローを合わせて営業キャッシュ・フローから差し引いた割合で、前期、今期とも約1%の支出超過となっている。

② 期間比較では、営業キャッシュ・フローが約11%の増加に対して、投資キャッシュ・フローは約10%の投資支出額の減少、財務キャッシュ・フローでは約67%の財務支出額の増加となっている。

結果としてキャッシュ・フロー増減額は前期の107百万円から120百万円に支出額の増加のために約12%のキャッシュの減少となっている。

**問8-1** (p.54)
利益500円÷資本2,500円×100=20%

**問8-2** (p.54)
利益500円÷売上高5,000円×100=10%

**問9-1** (p.56)
資本利益率は250円÷1,000円×100で25%となります。また、資本利益率は次のように、売上高利益率20%と資本回転率1.25回に分解できます。資本利益率は次式のように売上高利益率20%と資本回転率1.25回に分解できる。

$$\frac{250}{1,000} = \frac{250}{1,250} \times \frac{1,250}{1,000}$$

資本利益率25%(0.25) = 売上高利益率20%(0.2) × 資本回転率1.25回

**問10-1** (p.61)
利益は売上高10,000円から8,000円を差し引いた2,000円となる。よって売上高利益率は2,000円÷10,000円×100で20%になります。また売上高費用率は8,000円÷10,000円×100で80%になる。また、売上高費用率0.8(80%)は1(100%)から売上高利益率0.2(20%)を差し引いた0.8(80%)となる。

**問11-1** (p.67)
売上高費用貢献度倍率 ¥10,000(売上高)÷¥8,000(費用)=1.25倍

**問12-1** (p.70)
資本回転率は次のように求められる。
1,250円(売上高)÷1,000円(資本)=1.25回
資本利益率と売上高利益率との関係は次式で明らかになる。

$$\frac{250}{1,000} = \frac{250}{1,250} \times \frac{1,250}{1,000}$$

資本利益率25%(0.25) = 売上高利益率20%(0.2) ×資本回転率1.25回

**問12-2** (p.71)
①資本回転年数は、資本1,000円を売上高1,250円で割った0.8年となる。

②資本回転月数は、資本1,000円を1月当たり売上高（1,250円÷12月=104.16666…円）で割った9.60月となる。
③資本回転日数は、資本1,000円を1日当たり売上高（1,250円÷365≒3.4246…日で割った392日になる。

**問20-1**　(p. 100)
　前期の対前年増加倍率は前期1,000円÷前々期800円で1.25倍、今期のそれは今期1,500円÷前期1,000円で1.50倍となる。
　また、前々期を固定基準とした趨勢倍率では、前期は1,000円÷800円で1.25倍、今期のそれは、1,500円÷800円で1.875（四捨五入1.88）倍となる。

**問23-1**　(p. 118)
①　企業間比較では、全体でのM社は前期4.40と今期3.87でともに「5」を下回り、R社のそれは5.46と5.80でともに「5」を上回って、いずれもR社がM社を前期1.06、今期1.93大幅に上回り、R社がM社よりも前期、今期とも資本利益率はかなり高く良好となって、さらに前期より今期の差の開きが大きくなっている。
　個々の分析指標では、M社が「5」を超えたものは、前期では払込資本当期純利益率5.20のみで、それ以外は「5」を下回って、自己資本当期純利益3.34を最低として、次の総資本当期純利益3.34の2つが「3」ポイント台で、残りの自己資本経常利益率4.38、経営資本営業利益率4.56、総資本事業利益率4.57、総資本売上総利益率4.60、総資本経常利益率4.71、総資本営業利益率4.77の順となっている。今期ではすべての指標が「5」を下回っていて、最低で自己資本当期純利益率2.96で「2」ポイント台、次に総資本当期純利益率3.14、自己資本経常利益率3.73、経営資本営業利益率3.84、総資本事業利益率3.96、総資本経常利益率3.97、総資本営業利益率3.99の順で「3」ポイント台、払込当期純利益率4.56と総資本売上総利益率4.70の順となっている。
　R社では、M社とは反対に、前期では経営資本営業利益率4.92のみが「5」ポイント以下で、それ以外はすべて「5」を超えて、最高が自己資本当期純利益率6.31と総資本当期純利益率6.10の6ポイント台であり、自己資本経常利益率5.49、経営資本営業利益率5.34、総資本事業利益率5.31、総資本売上総利益率5.29、総資本営業利益率5.17の順となっています。今期ではすべてが「5」ポイントを超えており、最高は自己資本当期純利益率6.57、次に総資本当期純利益率6.29、自己資本経常利益率5.97、経営資本営業利益率5.86、総資本事業利益率5.72、総資本経常利益率5.71、総資本営業利益率5.70、総資本売上総利益率5.21、払込資本当期純利益率5.17の順となっている。
②　期間比較では、M社は全体で0.65のマイナスで悪化傾向、R社は0.34のプラスで良化傾向となっている。M社では総資本売上総利益率0.10のみがプラスで良化傾向を、それ以外はマイナスで、最低は総資本営業利益率0.78、総資本経常利益率0.74、経営資本営業利益率0.73、自己資本経常利益率と払込資本当期純利益率がともに0.65、総資本事業利益率0.61、自己資本当期純利益率0.38、総資本当期純利益率0.35の順で悪化傾向となっている。一方、R社は、M社とは反対に、総資本総資本売上総利益率0.08のみのマイナスで悪化傾向以外はプラスで、最高は経営資本営業利益率0.53、次に総資本総資本営業利益率0.52、総資本経常利益率0.51、総資本事業利益率0.41、自己資本当期純利益率0.26、払込資本当期純利益率0.25、総資本当期純利益率0.19の順で良化傾向となっている。
　以上のことから、資本利益率の収益性分析では、前期、今期ともにR社がM社を上回り、その開きも大きく良好となっている。前期との期間比較ではM社は悪化傾向を、R社は良化傾向となっている。

**23-2**　(p. 120)
①　企業間比較では、全体でのM社は前期4.71と今期4.11でともに「5」を下回り、R社のそれは5.19と5.58でともに「5」を上回り、いずれもR社がM社を前期0.48、今期1.47多く、R社の

方がM社よりも売上高利益率は高く良好となって、さらに前期より今期の差の開きが大きくなっている。

個々の指標では、M社が平均ポイント「5」を超えたものは、前期では営業利益率 5.08 と事業利益率 5.02 の2つのみで、そのほかは「5」を下回っていて、その中でも最低は当期純利益率 3.71 で、経常利益率 4.87、売上総利益率 4.90 の順となっている。今期では「5」を超えたものがなく、最低は当期純利益率 3.26 の「3」ポイント台、経常利益率 4.11、事業利益率 4.13、営業利益率 4.15、売上総利益率 4.89 の順となっている。

R社では、M社の反対となり、前期では営業利益率 4.95 と事業利益率 4.99 以外はすべて「5」を超えていて、最高は当期純利益率 5.84 です。今期ではすべての指標が「5」を超えており、最高は当期純利益率 6.13 で「6」ポイント台、次に経常利益率 5.58、事業利益率 5.57、営業利益率 5.56、最低で売上総利益率の 5.06 の順となっている。

② 期間比較では、全体で、M社は 0.61 のマイナスですべてが悪化傾向、R社は 0.39 のプラスですべてが良化傾向となっている。M社では営業利益率 0.93、次に事業利益率 0.89、経常利益率 0.75、当期純利益率 0.45、売上総利益率 0.02 の順のマイナスで悪化傾向となっている。一方、R社は、M社と反対に売上総利益率 0.00 のわずかな悪化以外はすべて増加を示し、最高で営業利益率 0.60、次に事業利益率の 0.58、経常利益率 0.49、当期純利益率 0.28 のプラスで良化傾向となっている。

以上のことから、売上高利益率の収益性分析では前期、今期ともすべてR社がM社を上回っており、その開きも大きく「良好」となっている。前期との期間比較ではM社では悪化傾向を、R社は良化傾向を示している。

### 問23-3 （p.122）

売上原価率は、M社では前期 5.20、今期 5.23 で「5」を超えて売上原価が高いことを、R社では前期 4.87、今期 4.85 で「5」より下回っていて売上原価が少ないことが分る。結果としてR社よりもM社の売上原価が多く、売上総利益率が悪いことが分る。

販売費及び一般管理費率では、M社では前期 4.90、今期 4.92 で、R社では前期 5.07、今期 5.06 となり、M社よりR社の方が前期、今期ともに「5」を超えているので販売費及び一般管理費が多いことが分る。その内訳である人件費率、減価償却費率は、逆に前期、今期ともに「5」より下話待っており、R社の方がM社より少ないことが分る。営業利益率は、前期ではM社の売上総利益率がR社よりも悪くても販売費及び一般管理費率が少ないことでR社よりも「良好」となっているが、今期では、逆にR社の販売費及び一般管理費率が高くても、売上総利益率がM社よりもかなり高い値を示しているために、販売費及び一般管理費率の高さをカバーしてもかなりの余剰がでて、結果としてR社の方がM社の営業利益率よりも高いことになっている。

営業利益率と金融収益率を加えた事業利益率は、金融収益率がR社の方がかなり高いことから、前期では、M社がR社よりも高くてもその幅は少なくなり、今期では逆転してR社の方がより一層高い値を示している。

経常利益率はM社よりもR社が高いが、これは前期、今期ともR社の営業外収益率がM社よりも高く、しかも営業外費用率が低いことによる。また、金融費用率はR社の方が高いことからR社の有利子負債が多いことも分る。

当期純利益率は、前期、今期ともにM社よりもR社が高い。これは、前期、今期ともにR社の特別利益率が高く、特別損失率が低いことによる。法人税等率は、前期ではM社が高く、今期ではR社の方が高いが、法人税等の支払っても当期純利益が多いことになり、R社の方がM社より断然高いことになる。

### 問23-4 （p.124）

① 企業間比較では、全体でM社は前期 4.78 と今期 4.54 でともに「5」を下回り、R社のそれは 5.17 と 5.09 でともに「5」を上回っている。前期はR社がM社より 0.39、今期は 0.55 上回って

いて、R社の費用収益貢献度倍率はR社よりM社の方が高く良好となって、さらに前期より今期の差の開きが大きくなっている。
　個々の指標では、M社が平均ポイント「5」を超えたものは、前期では販売費及び一般管理費貢献度の5.11のみで、それ以外は「5」を下回って、最低は減価償却費貢献度4.43、次に人件費貢献度4.80、売上原価貢献度4.81の順となっている。今期では前期と同じく販売費及び一般管理費貢献度の5.08のみで、それ以外は「5」を下回って、最低は人件費貢献度3.29、次に売上原価貢献度4.78、減価償却費貢献度4.99の順となっている。
　R社では、M社の反対となり、前期は販売費及び一般管理貢献度4.93のみが「5」を下回っている最高が減価償却費貢献度5.46、人件費貢献度5.14、売上原価貢献度5.13の順となっている。今期も前期同様に販売費及び一般管理貢献度4.95のみが「5」を下回っていて、最高が人件費貢献度5.25、売上原価貢献度5.16、減価償却費貢献度5.00の順となっている。
② 　期間比較では、全体でM社0.04、R社0.31でともにマイナスで減少となり、R社の方が、M社より悪化傾向の割合がやや大きい。M社では減価償却費貢献度0.57と売上原価貢献度0.03がプラスで良化傾向となり、残り人件費貢献度0.15と販売費及び一般管理費貢献度0.03のマイナスで悪化傾向となっている。一方、R社は、減価償却費貢献度0.46と売上原価貢献度0.02のマイナスで悪化傾向、逆に人件費貢献度0.10と販売費及び一般管理貢献度0.02のプラスで良化傾向となっている。
　以上のことから、費用貢献度倍率の収益性分析では、前期、今期ともにR社がM社を上回っており、R社がM社より高い。期間比較ではM社もR社も悪化傾向を示し、その悪化の程度はM社の方が大きい。

### 問23-5 (p.125)
① 　企業間比較では、収益性分析全体でのM社は前期4.63と今期4.17でともに「5」を下回り、R社のそれは5.27と5.49でともに「5」を上回って、前期、今期ともR社がM社より前期0.64と今期1.32との差となり、収益性分析全体ではR社の方が良好となって、さらにその差の開きが大きくなっている。
　個々の分析指標では、M社が前期、今期ともに平均ポイント係数「5」を超えたものはない。前期では最高で費用対収益貢献度4.78、次に売上高利益率4.71、最低は資本利益率の4.40である。今期では資本利益率が最悪の3.87、次に売上高利益率4.11、最高で費用対収益貢献度4.54である。
　一方R社では、M社の反対となり、前期、今期と平均ポイント係数「5」をすべて上回っている。前期では最低で費用対収益貢献度5.17、次に売上高利益率5.19、最高で資本利益率5.46である。今期では、最低で費用対収益貢献度5.09、次に売上高利益率5.58、最高で資本利益率5.80の順になっている。
② 　期間比較では、全体でM社は0.46のマイナスで悪化傾向、R社は0.22のプラスで良化傾向となっている。M社では、前期ではすべてマイナスで資本利益率0.63、次に売上高利益率0.61、費用対収益貢献度の0.25のマイナスの順で悪化傾向となっている。一方、R社は、費用対収益貢献度0.08のわずかなマイナスで悪化傾向以外はプラスで、売上高利益率0.39、資本利益率0.34の順で良化傾向となっている。
　以上のことから、両社の収益性全体の分析では、M社よりもR社の方が収益性はかなり高く、期間比較ではM社は収益性の悪化傾向、R社は良化傾向を示している。

### 問24-1 (p.129)
① 　企業間比較では、全体でのM社は前期5.06と今期5.15、R社のそれは5.11と5.03で、前期、今期ともいずれも「5」を超えていて資本回転率の収益性は高い、なお、前期ではR社がM社より0.05上回り資本回転率が高く良好を、今期では逆にM社がR社を0.12上回り資本回転率が高く良好となっている。

個々の指標では、M社が平均ポイント「5」を超えたものは、前期では払込資本回転率で前期7.01のみで、そのほかはすべてR社よりも劣っていて、最低が経営資本回転率の4.49、次に自己資本回転率4.50、長期資本回転率4.59、総資本回転率の4.69の順となっている。また今期では、「5」を超えたものは払込資本回転率6.98のみで、それ以外は「5」以下で、最低が自己資本利益率の4.54、次に経営資本回転率4.62、長期資本回転率4.79、総資本回転率4.69の順となっている。

一方R社では、M社の反対となり、前期では払込資本回転率4.21以外は「5」を超えていて、最高が経営資本回転率5.40、次に自己資本回転率5.39、長期資本回転率5.31、総資本回転率5.22の順となっている。今期も払込資本回転率4.22以外は「5」を超えており、前期での最高は自己資本回転率5.36、次に経営資本回転率5.28、長期資本回転率の5.15、最低で総資本回転率の5.13となっている。

② 期間比較では、全体でM社は0.08のプラスでやや良化傾向を、R社は0.08のマイナスでやや悪化傾向を示している。M社では払込資本回転率0.03のマイナスで悪化傾向以外はすべてプラスで、最高で長期資本回転率0.20、次に経営資本回転率0.13、総資本回転率0.11、最低で自己資本回転率0.04の順で良化傾向となっている。一方、R社は、払込資本回転率が0.01のわずかなプラスで良化傾向以外はマイナスを示し、その中でも最高で長期資本0.16、次に経営資本回転率0.12、総資本回転率0.09、最低自己資本回転率0.04の順で悪化傾向となっている。

以上のことから、資本回転率による活動性分析は、前期ではR社がM社を上回り良好を、今期では逆にM社がR社を上回って良好となっているが、前期、今期とも両社は「5」を上回っており良好となっており、問題はないといえる。しかし、M社の資本回転率の「5」以上は払込資本回転率のみで、他の資本回転率の「4」以下を吸収し平均「5」を超えさせたことになる。M社では払込資本回転率以外の資本回転率をいかに向上させるかが課題となる。なお、前期と比較するとR社はわずかな悪化傾向を、M社はわずかな良化傾向を示しているが、両社ともほぼ現状維持といえる。

### 問24-2 (p.131)

① 企業間比較では、全体でのM社は前期4.51と今期4.50でいずれも「5」を下回り、R社のそれは5.89と5.95でいずれも「5」を上回っている。前期、今期ともR社がM社を上回り、その差が前期1.38、今期1.45と上回って良好となり、さらにわずかにその開きが大きくなって、R社の資産回転率の活動性が高いといえる。

個々の指標では、M社が「5」を超えたものは、仕入債務回転率の6.45のみで、そのほかの指標は「5」以下で、その中でも現金性資産回転率が3.20で最低、次に棚卸資産回転率の3.74で「3」ポイント台、有形固定資産回転率4.43、固定資産回転率4.73の順となっている。今期では仕入債務回転率が6.07で、そのほかはすべて「5」を下回り、最低は現金性資産回転率3.04、次に棚卸資産回転率の3.79の「3」ポイント台、有形固定資産回転率4.67、固定資産回転率4.91の順になっている。

一方R社では、前期では仕入債務回転率4.32のみが「5」を下回り、それ以外が「5」を上回り、最高で現金性資産回転率7.92、次に棚卸資産回転率6.54、有形固定資産回転率5.46、固定資産回転率5.19の順となっている。今期では、仕入債務回転率4.45のみが「5」を下回り、それ以外が「5」を上回り、最高で現金性資産回転率8.58でかなり高く、次に棚卸資産回転率6.44、有形固定資産回転率5.24、固定資産回転率5.06の順となっている。結果として現金性資産回転率と棚卸資産回転率が両社の明暗を分けている。

② 期間比較では、全体ではM社は0.01のマイナスでわずかな悪化傾向を、R社は0.07のプラスでわずか良化傾向を示している。M社では、仕入債務回転率0.38と現金性資産回転率0.15のマイナスで悪化傾向となり、それ以外はプラスで最高で有形固定資産回転率0.24、次に固定資産回転率の0.18、棚卸資産回転率0.06の順で良化傾向となっている。一方、R社は、全体では0.07のプラスで良化傾向を示し、最高で現金性資産回転率0.66と仕入債務回転率0.13のプラスで良化傾向を、

そのほかは最高で有形固定資産回転率 0.22、次に固定資産回転率の 0.13、棚卸資産回転率 0.09 のマイナスの順で悪化傾向となっている。

以上のことから、資産回転率による活動性分析は、前期、今期ともにR社がM社を上回って良好であり、期間比較ではM社はわずかな悪化傾向を、R社はわずかな良化傾向となるが、ほぼ現状維持といえる。

**問24-3** （p.133）

① 企業間比較では、全体でのM社は前期 4.82、今期 4.96 でともに「5」以下で資産利用度が高く、一方、R社では、M社とは逆で前期 5.11、今期 5.02 で「5」ポイントを超えているために資産利用度が低いことになる。両社の差は、前期 0.29、今期 0.06 でM社の方が良好で、今期ではその差が僅差となっている。期間比較ではM社 0.14 のプラスで悪化傾向を、R社は 0.10 のマイナスで良化傾向を示している。ここで、特記すべきはM社の売上債権が極端に少ないことにより売上債権回転期間が極端に低く、平均ポイント係数を極端に低くして、良好としていることである。回転率では以上項目として除外していることを考えると、両社に開きはほとんどなくなる。

また、資産回転日数で企業間比較すると、現金性資産の滞留期間はR社の前今期 14 日前後に対してM社はその倍の 37 日前後となっている。売上債権回転率は、M社では 2 日間で回収しているのに対し、R社 15 日前後となっている。これは、M社では取引のほとんどで売上債権がなく現金預金で決済されて、それに伴い現金性資産の滞留期間が長くなっていることも理解できる。仕入債務支払期間はM社が 20 日から 25 日で支払われているのに対し、R社は 33 日前後で行われていて、R社の方が支払の伸ばしをしていることを意味している。逆に棚卸在庫期間はM社が 34 日前後であるのに対し、R社は 20 日前後になっていて、R社の方が棚卸資産の販売が良好といえる。

以上のことから、両社の資産回転期間による資産活動性は、前期、今期ともにM社の方がR社よりも良いことになる。期間比較ではM社は悪化傾向を、R社はほぼ現状維持状態で良化傾向となっている。

**問24-4** （p.135）

① 企業間比較では、活動性分析全体でのM社は前期 4.87 と今期 4.82 で「5」を下回り、R社のそれは 5.50 と 5.49 で「5」を大きく上回っている。両社の差は、前期 0.63、今期 0.67 となりR社がM社を上回り、その開きがやや大きくなっていて、R社がM社より良好となっている。

個々の指標では、M社は資産回転率が前期 4.51 今期 4.50 で「5」を下回り、反面、資本回転率は前期 5.06、今期 5.15 で「5」を上回っている。

一方R社では、資産回転率は前期 5.89、今期 5.96 と「5」を大幅に上回り、資本回転率も前期 5.11、今期 5.03 とともに「5」を上回っている。

② 期間比較では、全体でM社は 0.04 のわずかなプラスを示し活動性の良化を示している。個々には、前期は資本回転率 0.01 の若干のマイナスでほぼ維持、資産回転率 0.09 のプラスで良化傾向となっていて全体でほぼ現状維持といえる。一方、R社は、資産回転率 0.07 のプラスで良化傾向を示すも、資本回転率が 0.08 のマイナスと悪化傾向を示しているも全体ではほぼ現状維持といえる

以上のことから、両社の活動性全体分析では、M社よりもR社の方が活動性はかなり高く、期間比較では、M社の活動性の良化傾向を、R社も良化傾向を示している。

**問25-1** （p.138）

① 企業間比較では、全体でのM社は前期 5.26 と今期 4.99 で前期は「5」を上回り、当期は「5」を若干下回っている。R社のそれは 4.69 と 4.86 でいずれも「5」を下回っている。両社の差は前期でM社がR社より 0.57、今期で 0.13 となり、その差が少なくなくなっているが、前期、今期ともに上回りM社の短期流動性が高い。

個々の指標では、M社で平均ポイント「5」を超えたものは、前期では売上債権対買入債務比率の極端にに低い 1.14 以外のもので、最高で現金性資産比率 7.85、次に営業キャッシュ・フロー対流動

負債倍率 5.96、当座比率 5.85、流動比率 5.50 の順となっている。今期では前期同様、売上債権対仕入債務比率 1.07 以外が「5」を上回り、最高で現金性資産比率の 7.82、次に当座比率 5.72、流動比率 5.32、営業キャッシュ・フロー対流動負債比率 5.01 の順となっている。

一方R社では、前期では「5」を上回ったのは売上債権対仕入債務比率 6.18 のみで、そのほかは「5」以下であり、最低は現金性資産比率 3.15、次に営業キャッシュ・フロー対流動負債倍率 4.38、当座比率 4.44、流動比率 4.68 の順となっている。今期は、前期と同様に売上債権対仕入債務 7.02 と営業キャッシュ・フロー対流動負債倍率 5.00 が「5」を超えていて、それ以外は「5」以下で、最低は現金性資産比率 3.01、次に当座比率 4.49、流動比率 4.78 の順となっている。なお、M社の売上債権が極端に少ないことからこれを除外すると、M社はR社よりかなり良くなっているはずである。

② 期間比較では、全体でのM社は 0.27 のマイナスで悪化傾向を、R社は 1.17 のプラスで良化傾向を示している。M社では、すべてマイナスで、最高が営業キャッシュ・フロー対流動負債流動負債倍率 0.95、次に当座比率 0.18、当座比率 0.14、売上債権対仕入債務比率 0.06、現金性資産比率 0.03 の順で悪化傾向となっている。一方、R社は、現金性資産比率の 0.14 のマイナスで悪化傾向以外はプラスで、最高は営業キャッシュ・フロー対流動負債倍率 0.62、次に売上債権対仕入債務比率 0.21、流動比率 0.10、当座比率 0.05 のプラスの順で良化傾向となっている。

以上のことから、短期流動性は、前期、今期ともにM社がR社を上回って「良い」と判断でき、期間比較では前期と比べればM社は悪化傾向を、R社は良化傾向となっている。

### 問25-2 (p.140)

① 企業間比較では、全体でのM社は前期 5.79、今期 5.62 でともに「5」を上回っている。R社の前期 4.42、今期 4.57 でともに「5」を下回っている。両社の差は、前期 1.37 と今期 1.05 となってM社がR社を上回り資本構成安全性が高いが、その差の開きはやや小さくなっている。

個々の指標では、M社で「5」以下は前期では有利子負債倍率の 4.54 のみで、それ以外は「5」を超えていて、最高で稼得資本(利益剰余金)比率 7.54、次に営業キャッシュ・フロー対他人資本倍率 5.84、営業キャッシュ・フロー対固定負債倍率 5.74、営業キャッシュ・フロー対総資本 5.74、負債倍率 5.47、営業キャッシュ・フロー対自己資本倍率 5.34、自己資本比率 5.22 の順となっている。今期では有利子負債倍率 4.59 と営業キャッシュ・フロー対自己資本倍率 4.77 の 2 つが「5」を下回り、それ以外は「5」を上回り、最高で稼得資本(利益剰余金)比率 8.29、次に営業キャッシュ・フロー対固定負債倍率 5.82、負債比率 5.68、営業キャッシュ・フロー対他人資本倍率 5.42、自己資本比率 5.30、営業キャッシュ・フロー対総資本 5.06 の順となっている。

一方、R社では、前期では「5」を上回ったのは有利子負債倍率 5.37 のみで、そのほかは「5」以下であり、最低は稼得資本(利益剰余金)比率 2.20 で、次に営業キャッシュ・フロー対他人資本(負債)倍率 4.44、営業キャッシュ・フロー対固定負債倍率 4.49、営業キャッシュ・フロー対総資本 4.58、負債比率 4.69、営業キャッシュ・フロー対自己資本倍率 4.73、自己資本比率 4.84 の順になっている。今期では、前期と同様に有利子負債倍率 5.29 と営業キャッシュ・フロー対自己資本倍率 5.18 の 2 つが「5」を超えていて、それ以外は「5」以下であり、最低は稼得資本(利益剰余金)比率 2.48、次に営業キャッシュ・フロー対他人資本(負債)倍率 4.44、営業キャッシュ・フロー対固定負債倍率 4.49、負債比率 4.69、営業キャッシュ・フロー対自己資本倍率 4.73、自己資本倍率 4.84 の順となっている。

② 期間比較では、全体でM社は 0.17 のマイナスで悪化傾向を、R社は 0.15 のプラスで良化傾向となっている。M社でのマイナスは、最高で営業キャッシュ・フロー対自己資本倍率 0.57、次に営業キャッシュ・フロー対総資本倍率 0.52、営業キャッシュ・フロー対他人資本倍率 0.42、稼得資本(利益剰余金)比率 0.29 の順で悪化傾向となり、それ以外はプラスで、最高が負債比率 0.21、次に営業キャッシュ・フロー対固定負債倍率 0.09、自己資本比率 0.08、有利子負債比率 0.05 の順で良化傾向となっている。

一方、R社のマイナスは、最高で負債比率0.10、次に有利子負債倍率0.07、自己資本比率0.06の順で悪化傾向を、それ以外はプラスで、最高が営業キャッシュ・フロー自己資本倍率0.44、次に営業キャッシュ・フロー総資本倍率0.38、営業キャッシュ・フロー他人資本倍率0.31、稼得資本(利益剰余金)比率0.28、営業キャッシュ・フロー対固定負債倍率0.05の順で良化傾向となっている。

以上のことから、資本構成安全性は、前期、今期ともにM社がR社を上回って「良い」と判断でき、稼得資本(利益剰余金)比率が両社の明暗を分けている。また、期間比較では前期と比べればM社は悪化傾向を、R社は良化傾向となっている。

### 問25-3 (p. 142)

① 企業間比較では、全体でのM社は前期5.20、今期5.75でともに「5」を上回り、R社の前期は4.85、今期は4.93で「5」を下回っている。両社の差は、前期で0.35、今期で0.82となり、M社がR社上回り良好となっている。その差の開きはやや大きくなってきている。

個々の指標では、M社の前期では「5」を下回ったものはなく、固定比率5.26、次に長期資本固定比率5.15の順となっている。今期では営業キャッシュ・フロー対フリー・キャッシュ・フロー倍数の3.62のみが「5」を下回り、それ以外は「5」を上回り、最高で営業キャッシュ・フロー対投資活動支出額倍数7.37、次に営業キャッシュ・フロー対投資キャッシュ・フロー倍率7.37で「5」を大幅に上回っていて、固定比率5.41、長期資本固定比率5.12の順となっている。

一方、R社では、前期では「5」を上回ったのはなく、最低は固定比率4.81、次に長期資本固定比率4.89の順となっている。今期は、営業キャッシュ・フロー対フリー・キャッシュ・フロー倍率6.85のみが「5」を超えて、それ以外が「5」以下で、最低は営業キャッシュ・フロー対投資活動支出額倍数の4.08、次に営業キャッシュ・フロー対投資キャッシュ・フロー倍率4.08、固定比率4.72、長期資本固定比率4.92の順となっている。

② 期間比較では、全体ではM社が0.55のプラスで良化傾向、R社も0.08のプラスで良化傾向となっている。M社では、固定比率が0.15のプラスで良化傾向、長期資本固定比率0.03のマイナスでほぼ現状維持の悪化傾向となっている。一方、R社は、長期資本固定比率0.02のプラスでほぼ現状維持の良化傾向、固定比率0.09のマイナスでこれもほぼ現状維持の悪化傾向となっている。

以上のことから、固定資産投資安全性は、前期、今期ともにM社がR社を大幅に上回って「良い」と判断でき、期間比較ではM社はプラスで良化傾向を、R社も良化傾向を示している。なお、前期では営業キャッシュ・フロー対投資活動支出額倍数、営業キャッシュ・フロー対投資キャッシュ・フロー倍率、営業キャッシュ・フロー対フリー・キャッシュ・フロー倍率のM社のポイントが大幅な異常値として除外しているので、これを考慮するとM社はかなりの良い結果となる。

### 問25-4 (p. 144)

① 企業間比較では、全体ではM社は前期5.85、今期5.95でともに「5」を上回り、R社は前期4.54、今期4.78でともに「5」を下回っている。両社の差は前期1.31、今期1.17でM社がR社を上回り、M社の損益関係安全性は高いが、その差の開きはやや小さくなっている。

個々の指標では、M社では前期で「5」を下回ったものは、限界利益倍率4.90のみで、そのほかは「5」を上回り、最高で営業キャッシュ・フロー対金融費用倍率の7.26、次に金融費用支払倍率6.14、営業キャッシュ・フロー・マージン5.94、営業キャッシュ・フロー対営業利益倍率5.85、損益分岐点倍率5.00の順となっている。今期では限界利益倍率4.89と損益分岐点倍率4.96の2つが「5」以下で、それ以外が「5」を超えて、最高は営業キャッシュ・フロー対金融費用倍率7.98、次に営業キャッシュ・フロー対営業利益倍率6.33、金融費用支払倍率6.27、営業キャッシュ・フロー・マージン5.26の順になっている。

一方、R社では、前期では「5」を上回ったのは限界利益倍率5.06と損益分岐点倍率5.00の2つで、そのほかは「5」以下であり、最低は営業キャッシュ・フロー対金融費用倍率の3.92、次に営業キャッシュ・フロー・マージン4.39、金融費用支払倍率4.46、金融費用倍率4.46の順である。

今期は，限界利益倍率 5.07 と損益分岐点倍率 5.03 の 2 つのほかは「5」以下で，最低は営業キャッシュ・フロー対営業利益倍率 4.35，次に，金融費用支払倍率 4.56，営業キャッシュ・フロー対金融費用倍率と営業キャッシュ・フロー・マージンがともに 4.83 の順となっている。
② 期間比較では，全体では M 社 0.10，R 社 0.24 でともにプラスで良化傾向となっている。M 社のマイナスは最低が営業キャッシュ・フロー・マージン 0.68，次に損益分岐点倍率 0.04，限界利益倍率 0.02 の順で悪化傾向のほかはプラスで，最高が営業キャッシュ・フロー対金融費用倍率 0.73，次に営業キャッシュ・フロー対営業利益倍率 0.49，金融費用支払倍率 0.13 の順で良化傾向となっている。一方，R 社は，営業キャッシュ・フロー対営業利益倍率 0.08 のマイナスで悪化傾向以外はプラスで，最高で営業キャッシュ・フロー対金融費用倍率 0.91，次に営業キャッシュ・フロー・マージン 0.44，金融費用支払倍率 0.10，損益分岐点倍率 0.03，限界利益倍率 0.10 の順で良化傾向となっている。
　以上のことから，損益関係安全性は，前期，今期ともに M 社が R 社を上回って「良い」と判断でき，期間比較では，M 社も R 社もプラスで良化傾向となり，R 社の方が M 社より良化傾向が大きくなっている。この損益関係安全性では，金融費用の大小が大きなカギとなっている。

### 問 25-5　（p. 146）

① 企業間比較では，安全性分析全体では，M 社は前期 5.52 と今期 5.58 でいずれも「5」を上回り，R 社のそれは 4.63 と 4.79 でいずれも「5」を下回っている。両社の差は，前期 0.89，今期 0.79 でともに M 社が R 社より上回っていて，M 社の安全性分析全体では「良い」と判断でき，両社の差の開きはやや少なくなってきている。
　個々の分析指標では，M 社での前期では，すべてのものが「5」を超えていて，最高が損益関係安全性 5.85，資本構成安全性 5.79，短期流動性 5.26，固定資産投資安全性 5.20 の順となっている。今期では短期流動性 4.99 でほぼ現状維持で「5」を下回った以外は「5」を上回って，最高が損益関係安全性 5.95，次に資本構成安全性 5.62，固定資産投資安全性 5.75 の順になっている。
　一方 R 社では，前期ではすべて「5」以下で，最低は資本構成安全性 4.42，次に損益関係安全性 4.54，短期流動性 4.69，固定資産投資安全性 4.85 の順となっている。今期も前期同様すべてが「5」以下で，最低は資本構成安全性 4.57，次に損益関係安全性 4.78，短期流動性 4.86，固定資産投資安全性 4.93 の順となっている。
② 期間比較では，全体で M 社 0.05，R 社 0.16 でとともにプラスで良化傾向となっている。M 社でのマイナスは短期流動性 0.27 と資本構成安全性 0.17 の 2 つが悪化傾向，プラスは固定資産投資安全性 0.55 と損益関係安全性 0.10 の 2 つで良化傾向となっている。一方，R 社はすべてがプラスで，最高が損益関係安全性 0.24，次に短期流動性 0.17，資本構成安全性 0.15，固定資産投資安全性 0.08 の順で良化傾向となっている。
　以上のことから，両社の安全性全体分析では，すべてにおいて M 社の方が R 社より安全性はかなり高く，期間比較では M 社，R 社ともにプラスで，安全性の良化傾向を示し，R 社の方が M 社より良化傾向が高くなっている。

### 問 26-1　（p. 149）

① 企業間比較では，M 社は前期 4.85 と今期 4.98 でともに「5」を下回り，R 社のそれは前期 5.10 と今期 5.01 でいずれも「5」を上回っている。両社の差は前期 0.25，今期 0.05 で R 社が M 社を上回り，R 社の売上高成長性が高いが，その差の開きが少なくなってきている。
② 期間比較では，M 社は 0.13 のプラスで良化傾向，R 社は 0.09 のマイナスで，ほぼ現状維持の悪化傾向となっている。
　以上のことから，売上高取引規模成長性は，R 社が M 社を上回って「良い」と判断でき，期間比較では M 社は良化傾向，R 社はやや悪化している。

問26-2 (p. 151)

① 企業間比較では、全体で、M社の前期4.75で「5」を下回り、今期5.53で「5」を大幅に上回り、R社の前期5.22で「5」を上回り、今期4.93で若干「5」を下回っている。両社の差は、前期0.47の差でR社の成長性が高く、今期は0.60の差でR社よりM社の成長性が逆転して高くなっている。

個々の指標では、M社での前期はすべてが「5」を下回って、最低で有形固定資産増加倍率4.58、次に固定資産増加倍率4.68、人件費増加率4.99の順となっている。今期では最高で投資活動支出額増加倍率7.47、人件費増加倍率5.12で「5」をかなり上回り、有形固定資産増加倍率4.72と固定資産増加倍率4.80の「5」以下となっていても、全体で結果として「5」を大幅に上回っている。

一方、R社では、前期では最高で有形固定資産増加率5.40、固定資産増加率5.26、人件費増加率5.00ですべて「5」を上回っている。今期では、有形固定資産増加率5.23と固定資産増加率5.15の2つが「5」を上回り、投資活動支出倍率4.43と人件費増加倍率4.91の2つが「5」を下回っている。

② 期間比較では、全体でM社は0.78のプラスで良化傾向を、R社は0.29のマイナスで悪化傾向となっている。M社ではすべてがプラスとなり、最高で有形固定資産増加倍率0.14、人件費増加倍率0.13、固定資産増加倍率0.12の順で良化傾向となり、R社は逆にすべてがマイナスで最低で人件費増加倍率0.09、固定資産増加倍率0.11、有形固定資産増加倍率0.17の順で悪化傾向となっている。

以上のことから、資産・人的資産成長性は、前期はR社が、今期はM社が高くなっていて「資産・人的規模成長性」は「高い」と判断できる。また、期間比較では前期と比べればM社は良化傾向、R社は悪化傾向を示している。ここでは有形固定資産と固定資産の増加倍率が両社の明暗を分けている。なお、投資活動支出額増加倍率で、前期はR社のポイント係数「10」を超えたため異常値として除外している。この倍率を考慮するとR社はM社をより大きな成長性を示すことになる。

問26-3 (p. 152)

① 企業間比較では、全体では、M社は前期4.75、今期4.85でともに「5」を下回り、R社は前期5.37と今期5.24でともに「5」を上回っている。両社の差は、前期0.62、今期0.39とそれぞれR社がM社を上回り、R社の資本規模成長性は高いが、両社の差の開きは少なくなっている。

個々の指標では、M社は、前期、今期ともに、すべてが「5」を下回り、前期では最低が経営資本増加倍率4.66、次に総資本増加倍率4.70、稼得資本増加倍率4.78、自己資本増加倍率4.85の順となっている。今期では、最低が稼得資本増加倍率4.77、次に経営資本増加倍率4.84、総資本増加倍率4.86、自己資本増加倍率4.94の順となっている。

一方、R社では、前期、今期ともすべてが「5」を上回り、前期では最高で稼得資本増加倍率5.80、次に経営資本増加倍率5.31、総資本増加倍率5.24、自己資本増加倍率5.13の順となっている。今期では、最高が稼得資本増加倍率5.69、次に経営資本増加倍率5.12、総資本増加倍率5.10、自己資本増加倍率5.05の順となっている。

② 期間比較では、全体ではM社0.11のプラスで良化傾向、R社0.13のマイナスで悪化傾向を示している。M社では、稼得資本増加倍率0.01のほぼ現状維持のマイナスで悪化傾向以外は、すべてプラスで、最高は自己資本増加倍率0.54、次に経営資本増加倍率0.18、総資本増加倍率0.16の順で良化傾向となっている。一方、R社は、全体で0.13のマイナスで、すべてがマイナスとなり悪化傾向を示し、最低は経営資本増加倍率0.18、次に稼得資本増加倍率0.11、総資本増加倍率0.14、自己資本増加倍率0.08の順で悪化傾向となっている。

以上のことから、資本規模成長性は、前期、今期ともにR社がM社を上回って「良い」と判断でき、期間比較ではM社はプラスで良化傾向を、R社はマイナスで悪化傾向となっている。

## 問26-4 (p. 154)

① 企業間比較では、全体で、M社は前期5.22、今期5.12でともに「5」を上回り、R社は前期4.94、今期4.97で「5」を下回っている。両社の差は、前期0.28、今期0.20とそれぞれM社がR社を上回りM社の先行投資成長性が高い。

② 期間比較では、全体ではM社が0.01のマイナスで悪化傾向、R社が0.02のプラスで良化傾向となっている。

以上のことから、先行投資成長性は、前期、今期ともにM社がR社を上回って「良い」と判断でき、期間比較ではM社はほぼ現状維持の悪化傾向、R社はほぼ現状維持の良化傾向といえる。しかし先行投資成長性指標である広告宣伝費は両社に記載がなく、研究開発費はM社のみで除外したため、無形固定資産投資のみが対象となっている。

## 問26-5 (p. 156)

① 企業間比較では、全体でのM社は前期4.66、今期4.35でとともに「5」を下回り、R社は前期5.23、今期5.42でともに「5」を上回っている。両社の差は前期0.57、今期1.07でR社がM社上回りR社の利益成長性は高く、その差の開きが大きくなっている。

個々の指標では、M社で平均ポイント「5」を上話回ったものは営業キャッシュ・フロー増加倍率5.24のみで、他は「5」を下回り、最低が当期純利益増加倍率の3.63で、次に経常利益増加倍率4.70、営業利益率増加倍率4.74、事業利益増加倍率4.76、売上総利益増加倍率4.87の順となっている。今期ではすべてが「5」を下回り、最低が売上総利益率増加倍率4.07、次に事業利益増加倍率4.10、経常利益増加倍率4.21、当期純利益増加倍率4.38、営業キャッシュ・フロー増加倍率4.41、売上総利益増加倍率4.96の順となっている。

一方、R社では、前期では営業キャッシュ・フロー増加率4.80のみが「5」を下回り、それ以外は「5」を上回り、最高で当期純利益増加率5.93、次に経常利益増加倍率5.21、営業利益増加倍率5.19、事業利益増加率5.17、売上総利益増加倍率5.08の順となっている。今期では、すべて「5」を上回って、最高で営業利益率増加倍率5.62、次に事業利益増加率5.60、営業キャッシュ・フロー倍率5.52、経常利益増加倍率5.49、当期純利益増加倍率5.26、売上総利益増加倍率5.02の順となっている。

② 期間比較では、全体ではM社が0.17のマイナスで悪化傾向、R社は0.19のプラスで良化傾向となっている。M社では当期純利益率増加倍率0.75と売上総利益倍率0.09のプラス以外はマイナスで、最低は営業キャッシュ・フロー増加倍率0.83、次に営業利益増加倍率と事業利益増加倍率ともに0.67、経常利益増加倍率0.49の順で悪化傾向となっている。一方、R社は、当期純利益増加倍率0.67と売上総利益増加倍率0.06のマイナスの悪化傾向以外はプラスで、最高は営業キャッシュ・フロー増加倍率0.72、次に営業利益率増加率0.43、事業利益増加率0.42、経常利益増加倍率0.29の順で良化傾向となっている。

以上のことから、利益成長性は、前期、今期ともにR社がM社を上回って「良い」と判断でき、期間比較ではM社は悪化傾向、R社は良化傾向となっている。利益成長性の分析では当期純利益成長倍率が明暗を分けている。

## 問26-6 (p. 157)

① 企業間比較では、成長性分析全体では、M社は前期4.82と今期4.97で「5」を下回り、R社のそれは前期5.17、今期5.11で「5」を上回り、両社の差は、前期0.35、今期0.14とR社がM社を上回りR社の成長性分析全体で高いが、その差の開きは小さくなっている。

個々の分析指標では、M社での前期では、先行投資規模成長性5.22以外は「5」を下回りで、最低が利益成長性4.66、次に資産・人的規模成長性と資本規模成長性がともに4.75、売上高取引規模成長性4.85の順となっている。今期では前期4.75であった資産・人的規模成長性が5.53となり、

先行投資規模成長性 5.12 とともに「5」を上回り、それ以外は「5」を下回り、最低が利益成長性 4.35、次に資本規模成長性 4.85、売上高取引規模成長性 4.98 の順となっている。

一方R社では、前期で先行投資規模成長性 4.94 を最低に、それ以外は「5」を超えて、最高が資本規模成長性 5.37、利益成長性 5.23、資産・人的規模成長性が 5.22、売上高取引規模成長率 5.10 の順になっている。今期は先行投資規模成長性 4.97 と資産・人的規模成長性 4.93 以外が「5」を超えて、最高は利益成長性 5.42、次に資本規模成長性 5.24、売上高取引規模成長性 5.01 の順となっている。

② 期間比較では、全体でM社は 0.12 のプラスで良化傾向、R社は 0.06 のマイナスで悪化傾向となっている。M社では利益成長性 0.30 と先行投資規模成長性 0.10 のマイナスで悪化傾向以外はプラスで、最高は資産・人的規模成長性 0.78、次に売上高規模成長性 0.13、資本規模成長性 0.11 の順で良化傾向となっている。一方、R社では利益成長性 0.19、先行投資規模成長背に 0.02 のプラスで良化傾向以外は、マイナスとなって、最低が資産・人的規模成長性 0.29、次に資本規模成長性 0.13、売上高取引規模成長性 0.09 の順で悪化傾向となっている。

以上のことから、両社の成長性全体分析では、前期、今期ともR社の方がM社より成長性が高く、期間比較ではM社はほぼ現状維持の良化傾向、R社はほぼ現状維持の悪化傾向を示している。

### 問27-1 (p. 161)

①企業間比較では、企業全体総合評価のM社は、前期 4.95、今期 4.88 で、ともに「5」を下回り、R社は前期 5.14、今期 5.22 でともに「5」を上回って、両社の差が前期 0.19、今期 0.34 でR社の方がM社より良いことを示し、その差の開きは大きくなっている。

個々の分析指標では、前期では、安全性分析はM社 5.52、R社 4.63 でその差が 0.89 で「良い」ことを示している以外は、すべてR社がM社を上回っている。活動性分析はR社 5.50、M社 4.78 でその差 0.72、収益性分析はR社 5.27、M社 4.63 でその差 0.64、成長性分析はR社 5.17、M社 4.84 でその差 0.33 の順となっている。今期でも前期同様で、安全性分析はM社 5.58、R社 4.79 でその差が 0.79 でM社が「良い」ことを示している以外は、すべてR社がM社を上回っている。収益性分析はR社 5.49、M社 4.17 でその差 1.32、活動性分析はR社 5.49、M社 4.82 でその差 0.67、成長性分析はR社 5.11、M社 4.97 でその差 0.14 の順となっている。

②期間比較では、全体でM社は 0.06 のマイナスでやや悪化傾向、R社は 0.08 のプラスでやや良化傾向をそれぞれしている。M社では、収益性分析が 0.46 のマイナスで悪化傾向を示した以外はプラスで最高は成長性分析 0.12、次に安全性分析 0.08、活動性分析 0.04 の順で良化傾向となっている。一方R社は、成長性分析 0.06 と活動性分析 0.01 のマイナスでやや悪化傾向示している以外はプラスで最高は収益性分析 0.22、次に安全性の分析 0.16 の順で良化傾向となっている。

結論として、企業全体の評価での企業間比較では前期も今期も、R社の方がM社を上回りR社の方が「良好」となっていて、期間比較ではM社はわずかな悪化傾向、R社もわずかな良化傾向を示している。

【参考文献】

岩崎功（2015）「企業間比較のための経営分析—ポイント係数評価法による—」（和光大学経済経営学部編『17歳から始める経済・経営のススメ』日本評論社刊に所収）

―――（2015）『テキスト現代会計学の基礎―三訂版―』五絃舎

―――（2014）『ポイント係数評価法による実践経営分析―改定版―』五絃舎

―――（2007）「財務諸表分析」（岩崎功他『企業会計の原理』学文社刊に所収）

―――（2000）「経営分析」（松原成美編『現代会計学概論』税務経理協会刊に所収）

【経営分析統計資料】

　＜大企業・上場会社対象＞
・『産業別財務データハンドブック』日本政策投資銀行編（年刊）
・『会社財務カルテ』東洋経済新報社（年刊）

　＜中小企業・未上場会社対象＞
・『全国企業財務諸表分析統計』帝国データバンク（年刊）
・『ＴＫＣ経営指標』（CD-ROM版）ＴＫＣ全国会（年刊）
・『ＴＳＲ中小企業経営指標』東京商工リサーチ（年刊）
・『小企業の経営指標』中小企業リサーチセンター（隔年間）

**著者略歴**
岩崎功（いわさきいさお）
　1949年　北海道生まれ。
　現　在　和光大学経済経営学部教授，専修大学・千葉経済大学各講師

**主要著書**
『会計実務の解明』（共著）- 同文舘。『速算電卓の基礎演習』，『完全合格上級簿記 - 商業簿記／会計学』，『完全合格上級簿記 - 工業簿記／原価計算』，『基本税務会計論』，『法人税法テキスト』，『所得税法テキスト』- 以上英光社。『商業簿記教科書（上）及び（下）』（共著），『簿記会計教科書』（共著），『やさしい簿記3級』（共著），『やさしい簿記3級問題集』（共著），『やさしい商業簿記2級』（共著），『基本簿記3級』，『基本簿記3級問題集』，- 以上共栄出版。『3級完全合格簿記』（共著），『2級完全合格簿記（商業簿記編）』（共著）），『2級完全合格簿記（工業簿記編）』（共著）- 以上創成社。「現代会計学概論』（共著），『コンパクト連結会計用語辞典』（共著），『詳解簿記論』（共著），- 以上税務経理協会。『グローバル時代の経営と財務』（編著），『経営教育事典』（共著），『企業会計の原理』（共著）- 以上学文社。『入門会計学の基礎』，『テキスト現代会計学の基礎 - 改訂版』，『サブノート現代会計学の基礎 - 改訂版』，『職業としての会計』（編著），『ポイント係数評価法による実践経営分析』- 以上五絃舎。『経営用語キーワード』（共著），中央経済社。その他多数あり。

考える　企業間比較のための経営分析 – 図表ポイント係数評価法による –

2016年1月20日　第1刷発行

著　者：岩崎　功
発行者：長谷雅春
発行所：株式会社五絃舎
　〒173-0025　東京都板橋区熊野町46-7-402
　電話・ファックス：03-3957-5587
組　版：office five strings
印刷所：モリモト印刷
ISBN978-4-86434-056-4
Printed in Japan Copyright Reserved 2016 © Iwasaki Isao